U0113776

民国趣读

老·城·记

老福州

中国文史出版社

本书编辑组

主　　编： 韩淑芳

本书执行主编： 张春霞

本书编辑： 牛梦岳　高　贝　李军政　孙　裕

目录

第二辑　船与海的特异文化，"足为海军根基"

第三辑　名人与故居，有历史积淀的三坊七巷

第四辑 开埠，繁华口岸与阴暗巷尾

第五辑　家国，近代福州的不屈英雄气

第六辑　传统技艺，最熟悉的老手艺

第九辑　老福州的逸闻旧事

第一辑

三山两塔一座楼，
凝视和承载着城市的变迁

❖ 林炳钊：历经毁建的福州城墙

福州城墙从建立至拆毁有两千五百多年的历史。它是福建历史上最早建立的一座古城。早在西汉时（前202），闽越王无诸建冶城为王都，是福州城郭之始。当时范围不大，以后不断拓展，先后有西晋的子城、唐代的罗城、五代闽王的夹城、宋代的外城和明代的府城等多次扩建，阙门重叠，由南向北，有合沙门、宁越门、利涉门、还珠门、虎节门、威武军门（后改鼓楼）、都督府门等七重高大城楼，矗立其间，颇为壮观。宋程师孟有诗云："七重楼向云霄动。"后代又传王尚书诗云："七楼遥直钓龙台。"宋太平兴国三年（978），据有浙江和福州一带的吴越王钱俶"纳土归宋"，宋王朝虑有反复，一度诏隳福州城墙。以后虽经修筑，但终宋之世，州城不能复其旧观。宋末，福州曾成为端宗的临时首都，元统一中国后，蒙古统治者再一次下诏废福州城墙，直到明洪武四年（1371），才重建起来⋯⋯

清代，福州城又经几次重修。顺治十八年，总督李率泰为防火患，拆换城屋，增筑垣墙，高二丈四尺，厚一丈九尺，计窝铺264座，炮台93座，垛口3000多，马道5530丈。康熙三十年，总督郭世隆重建西南二城楼。雍正五年与九年增筑女墙。乾隆十六年，总督尚书喀尔吉善、巡抚都御史潘思渠又重修，但城的范围没有拓展。福州被辟为五口通商口岸后，城垣旧貌依然。直至民国后，由于新式的武器不断问世，战争走向现代化，因而城垣已失去防御作用。随着城市交通发展，古老的城墙必须拆毁。至今，只能从环城马路和一些以旧城楼命名的地名中，略窥古城遗址的所在。

《福州古城变迁史》

❖ 林炳钊：南门兜

昔日，福州民间流传着《进京路引》。其中有一段是："……斗中街一派做头梳，月片池中铜钻店，闯过南关一座城（就是现在的'南门兜'）。安泰榜眼坊一座，南街七巷双门前；双门前三狮朝五虎，环进抢珠左边路，到任桥过总督口，鼓楼顶悬挂时辰睥（即今'鼓楼前'）……"

"南门兜"位处福州市区中心。据记载，五代后梁开平元年（907），闽王王审知又把罗城向南北两端延伸，北端在今屏山东麓，南端从安泰桥的利涉门扩展到今天的南门兜，把于山、乌石山也纳入城中，因而，将罗城夹在中间。当时福州城呈为"满月形"，节度推官黄滔的《万岁寺》诗中有"新城似月圆"之句。

当夹城建成后，南城门（今南门兜）设两城门、八暗门。当初称"登庸门"，后唐长兴二年（931）王延钧改为"闽光门"，宋景德四年（1007）知州严辟疆又改名"宁越门"。元代统一后，下诏隳毁福州城墙，明洪武四年（1371）重砌石城，称为府城；明末起了防御倭寇入侵的作用。当时在石城之外，又于南城外再加上一重半圆形瓮城，亦设门，可关闭，所以，人们叫作"瓮城"。相传，当时瓮城与石城规定同开同关，但有些群众因赶进瓮城却不及进石城，被关在其中，欲进不得，欲退不能，无奈何要熬到天亮，方能进城。所以，福州民间俗语叫作"关在瓮城中"。

1842年福州辟为五口通商口岸之一后，城郭还没有大变迁。辛亥革命后，随着战争现代化，城墙已失了防御作用。为了发展城市交通，福州开始拆毁城墙、筑成环城马路。1928年秋兴建马路，从城内鼓楼起向南延伸到台江万寿桥、中洲，直至仓山观音井一带，南门兜成为福州市区交通主干线，环岛中植有绿荫如盖的榕树，欣欣向荣，成为历史文化名城的象征。

《"南门兜"与"鼓楼前"》

▷ 从仓山看福州城

▷ 民国时期南门兜附近

❖ 林传成：商业繁华的杨桥巷

与总督后相邻的杨桥巷却是全皮箱店铺集中的地方，共约20家。原来福州有个姓李的，于同治末年，与几个人同去台湾谋生，姓李的学会了制造全皮箱的工艺，回到福州以后即在杨桥巷开设了"万福来"皮箱店，到光绪时传到了李誉骥手上。此时，一些学徒从该店出师后，也多在此间开设全皮箱店，都用"万"字为店号，只有一家陈姓的"宝金"为号，人们戏称"十三家万只一宝"。杨桥巷的全皮箱的质轻皮韧，收藏丝绸类衣服久不变色，皮毛类衣物不蛀坏，在全国有名，过去福州婚俗"礼饼花红朱漆全皮箱"为办亲必备的礼物。

与杨桥巷相对的东街，主要有两个行业：一是以布鞋为主的鞋店十数家，有"步武"等制作布面和直贡呢面、鲤鱼掌厚底、圆口的古老式样布鞋店数家，而制造新式的、比较时髦、式样也比较多的为"新其昌"等家，还有一家"詹斗山"鞋店开设于民国初年，是首先制作皮"洋靴"的鞋店。而开设在鼓楼附近的"长顺斋"布鞋店，其所制作的千页底布鞋，具有防湿耐磨、冬暖夏凉、不打滑、走路轻松利落、无汗臭，且式样美观大方、久穿不变样等特点。这种布鞋不但受福州人民欢迎，还闻名于全国，特别是受许多革命老前辈欢迎，如朱德、陈毅，以及董必武、郭沫若、叶飞、彭冲、陆定一等领导，知名人士梅兰芳和田汉等都曾向"长顺斋"定做过千页底布鞋，可见其声誉有多高了。东街另一个行业为"鸟店"，所谓"鸟店"，除转卖白鸽、画眉、白燕等以外，还卖洋狗、猴狲、花猫等供人消遣耍弄的动物。此外，东街还有竹器店、菜馆等穿插其间。东街的菜馆以"三山座"比较有名，馆内还附设有供堂会用的戏台等。

《鼓楼商业今古谈》

❖ 萨兆寅：屏山与镇海楼

越王山在市区的北面，形如屏扆，又叫作屏山。远在史前时期，来到福州的原始民族，就有一部分择居越王山。这是一个靠近河流的小山顶（过去闽江比现在的靠北，西湖、东湖比现在的大，南面也有湖沼），既便于生活，又能防御敌人和野兽。汉初，无诸建国，都冶为城，就是根据越王山而建立城址的，这也是山名的由来。至今，山麓有越王井，俗称金鸡井，又有越王鼓琴石等遗迹。越王山可以说是福州历史的策源地。

自汉以后，人口日多，经济逐渐发达，原有城址不够容纳了，于是逐渐扩大建筑，由晋代至六朝的子城，变为唐朝改建的罗城和南北夹城，又变为宋朝增建的外城，把南向的九仙山和乌石山也包围在城内了，这三座山，成为福州城的特征，因此福州别称三山。宋代福州第一部地方志书，就名为《三山志》。

明初洪武四年（1371），有一个建筑工程专家驸马都尉王恭，把福州城垣重新修砌，北面的城墙就跨在越王山上，并在山上建造一个样楼。样楼的设计有一定的规格，作为其他各个城门的城楼的模型。这个样楼雄踞山巅，成为全城最高的建筑物，不仅是越王山第一名胜，也增加了全城的壮观。样楼为海舶昏夜进航省会的标识，也是防哨要地。当明戚继光扫平倭寇的时候，有一次从福州鼓岭移兵入连江路过北岭，由楼梯崎俯瞰省城，观察形势，认为越王山上的样楼是福州城防的险要。数百年来，福州人民喜爱登临这个胜地，写了不少诗歌，还把楼改名为镇海楼。镇海楼曾经倾圮焚毁了许多次，但每次焚毁后不久就在群众力量的支持下重建起来。最后在1929年被火焚毁了，至1947年改建为现在的形式。山麓有宋代乾德三年（965）建筑的华林寺，是福州市仅存的宋代建筑物，为本省

▷　屏山上的镇海楼

▷　镇海楼

重点保护文物之一，它表明了福建人民的建筑技术早在一千年前就已经高度的发展。

《三山两塔》

❖ 萨兆寅：白塔与石塔

　　福州的两塔，耸立在乌石山、九仙山的中间，东西并列。在东的名定光塔，俗称白塔；在西的名坚牢塔，原名净光塔，俗称石塔，或叫乌塔。相传福州城内过去共有七塔。除白塔、石塔外，还有的是开元寺的开元塔，仙塔路的崇庆塔，大中寺的定慧塔，神光寺的报恩塔，塔巷的阿育王塔。这些塔后来焚毁倾圮了，只有白塔和石塔至今仍然存在。白塔是唐天祐元年（904）王审知建造的，明嘉靖十三年（1534）被雷震焚烧，到了嘉靖二十七年（1548）重建，以后曾经过多次的修缮，基本上保持明代原有建筑风格。石塔是唐贞元十五年（799）福州观察使柳冕建造的，唐乾符六年（879）毁，后晋天福二年（937）闽王王延曦重建，自重建至现在有一千零二十多年历史了。石塔高35米，共7层，每层有浮雕。全部建筑用纯石块巧配叠积，并用花岗岩的赤泥粘固。白塔高约42米，也分7层，全部用砖建成，外面涂满石灰，内部只旋梯是木构。石塔代表了五代福建建筑雕刻的艺术，白塔保持了明代福建建筑的风格，它们都显示了福建劳动人民的智慧和创造。石塔上每层还有石刻，从石刻上可以考证五代闽王王延曦王朝统治集团和家族亲戚以及政治组织的职官姓名。这些材料在新旧《五代史》和《十国春秋》上没有记载，可以说是福建地方重要的历史文献。

《三山两塔》

▷ 白塔远望

▷ 于山白塔

❖ 林寿农：泉山古迹

榕城之北，有一名胜，叫泉山，位于屏山之麓，属冶山山脉。当战国时期，冶山原是冶铁之所，旧时尚存冶灶遗迹。泉山东北面的冶池，相传为战国时期欧冶子铸剑的地方。笔者于新中国成立前在冶池（又称剑池）旁见过石碑一块，高约两米，有隶书"欧冶子铸剑处"等字样。

泉山在1928年以前，人们都称其为将军山。因为泉山原为唐陈岩将军建牙之处；里人因将军有功于民，建有将军庙于泉山，以祀陈岩将军。以前每年春秋两祭，久而不替。里人又建有天后宫，祀湄州林孝女。泉山地方虽小，而岩石嶙峋，流水涟漪，一丘一壑，足以游目骋怀。

泉山原本非常荒芜，山中满目荆棘，草高没胫。1928年，曾任福州工业学校校长的施景琛（字涵宇，晚号泉山老人）向闽侯县政府建议，组织成立"闽侯县古迹古物保管委员会"，泉山面貌始发生变化。经集资修葺，惨淡经营，使亭台楼观焕然一新。其时，把将军庙改为"陈岩将军洞"，只保存陈岩将军偶像，所有其他神像一律毁除净尽。同时，也将天后宫内神像一律毁弃，只留林孝女像。嗣后，林孝女像亦撤除，并将这两个庙充作陈列古物之用，以供游客赏玩。由此以后，人们只呼泉山，不呼将军山了（事实上是恢复原名）。除修建两祠外，新建及改建的有"东山楼""泉山堂""啸庐"。嗣后，还建有"仁寿堂"，系为纪念萨鼎铭（镇冰）先生而建。将岩石的转折曲径，仿武夷胜景，也分为"九曲"，每一曲都有摩崖刻石。岩顶为"玩琴台"，台之周围石刻颇多。靠东面有"筋竹岩""藏娇坞""雉梁""桃李坞"。靠南面有"唐鲁场故址""无诸故城""云根""小嶙峋"。在玩琴台周围有"枇杷川""九曲池""流觞亭""武陵源""观海亭""幽翠""椒磐石""望京山""唐陈岩将军建牙处""独秀峰""王坛岗""芳茗源""红蕉坪""山阴

▷ 石塔

▷ 石塔一层的金轮王佛

▷ 无垢净光塔铭碑

亭""乾冈岭""贫簦坳""藏春洞"等等。

上述"九曲池"，虽旱天而水不涸。笔者少年时，曾在"曲水流觞"处玩过。其水由"九曲池"靠石壁处罅隙中流出。玩时，一人把一个空酒杯放在"曲水流觞"水池中（水池的弯曲流径，仿佛寿字），空杯在曲水中盘旋而下，另一人紧接着也放一个酒杯在水池的顶端（即流出口），亦任其自流。俟至水曲之处，两杯时常相碰，砉然有声。以此作为游客的一种游戏，亦颇耐人寻味。此游戏，也成为泉山一胜。在岩石旁，有"过冬梨"树一株，约有百年以上树龄。闻此树可作药材，能医背疽。在20世纪30年代前后，每年逢重九节，里人到泉山登高并放风筝为戏。1932年，在泉山左侧建成过街桥楼，以通剑池，使泉山面积突增数倍，仿佛成了一个小型公园了。

《泉山古迹与泉山老人》

❖ 潘祖镔：千年兴废话鼓楼

鼓楼位于狮子楼北，扼今鼓东、鼓西两路相接处，其旧址当现在鼓楼糖烟酒商店与人民银行鼓楼办事处之间，鼓楼区即因此楼而得名。鼓楼是唐元和十年（815），观察使元锡建的州门。乾宁三年（896），为威武军门。宋嘉祐八年（1063），知州元绛更辟双门，建楼十楹。熙宁二年（1069），程师孟守福州，为楼以辅翼，并作铜壶滴漏报更，故称"鼓楼"。嘉定间（1208～1224），楼被火，安抚使杨长孺重建。元泰定四年（1327），又火，增筑重楼。明宣德三年（1428），为大风所圮，御史方端命僧了心募建，复置刻漏。嘉靖四十三年（1564）布政使陈大宾改建，南额"海国先声"，北额"拱辰"。万历三十九年（1611）重修，更名全闽第一楼，南题"海天鳌柱"，北仍旧。丁继嗣诗句"天空鳌柱辰初拱"即指此。

清顺治十八年（1661）七月初一日，城内大火。鼓楼与狮子楼同被波及。康熙十一年（1672），布政使何中魁修建。这时，楼上设有十二时辰水

▷ 鼓楼旧影

▷ "雄镇全闽"

牌，派人专管，随时更换，故榕城有"鼓楼顶掏时辰牌"之语，喻挨时过日之意。雍正十年（1732），改为威武军楼。乾隆二十七年（1762），改为拱辰楼。道光二十四年（1844）冬，毁于火，藩司徐继重建，改用西洋大自鸣钟一架报时，高一丈二尺，广六尺多，声闻百步，每月一开，过两年，又毁于火。翌年复建，总督刘韵珂改为拱北，北录"圣谕"十六条，字皆大六七寸。南面正额有"雄镇全闽"四大字，左额"海天"，右额"鳌柱"。民国间，楼上置一古钟，闽侯县民众教育馆曾设其上。抗战中，古角顶为敌机炸塌。民国三十七年（1948）春，福州老人施景琛等建议把鼓楼改为"萨公纪念堂"，以纪念海军耆宿萨镇冰先生九十大寿，议而未行。1952年，开辟鼓楼至屏山下的鼓屏路，鼓楼才被拆除，把三只石狮移放于南门兜。

《狮子楼与鼓楼》

❖ 林山：双抛桥的来历

南后街像一条文化大动脉，将新鲜丰富的文化氧气，经过三坊七巷的支脉，输送到分布在其中的各个名宅大院。南后街作为福州古籍书店的集中地，许多古书铺买卖孤本、善本、古旧书籍和历代名人字画，跟北京的琉璃厂一样，成为当地和外地名流学者经常光顾流连的地方。

有一种传说，宋末，元军攻打福州，福州太守率宋军死守。元军以高官厚禄劝其归降，太守把名利双双抛在脑后，把生死置之度外，誓死守城。后来，元军打下福州城，太守与夫人宁死不降，双双在这里跳河。后人为纪念他们，就把桥名改为"双抛桥"。

《闽杂记》则说："相传昔有王氏子与陶氏女相好，父母夺其志，月夜同投此桥下，故名。"这是一个违抗"父母之命"的爱情悲剧。

福州民间传说双抛桥有个与"梁山伯与祝英台"相似的爱情悲剧故事。说是过去这河边住着邱、何、胡三家。邱家儿子老实忠厚，何家女儿漂亮善良，双方父母定了亲。胡家少爷好吃懒做，到处寻花问柳。胡少爷见何女漂亮，就叫人说亲，被何家拒绝了。胡少爷求婚不成，就在邱、何两家迎娶之日拦路抢亲。何女被抢到胡府，宁死不从，并寻机逃出胡府。

胡少爷不肯善罢甘休，追到邱家抓人。邱、何夫妇拼死反抗，胡少爷恼羞成怒，将他们双双抛入河中，并抛尸两岸。

没多久，河的南北两岸各长出一棵榕树，树根在河底盘结交错，树枝则在空中挽手相连。有人写诗赞叹："双抛河里不分离，夫妻结成连理枝。"于是人们便将这两棵榕树叫连理榕，把这座桥叫作双抛桥。

《双抛桥畔连理榕》

❖ 郭公木：旗下街

1656年（明永历十一年，清顺治十四年）五月，满洲统治者以为福建局势大抵可以抵定，乃派强悍善战的郎名赛固山的部队长期驻防福建，选定福州城内交通最便，商业繁盛的东门、汤门、水部门一带，迫令这三处居民迁移一空，谓之"匡屋"，为满洲营。它的兵额实数三千人，家眷亲戚一共四五万人，置将军一员统辖，给以"镇闽将军"的称号。福州城这一大片土地，从此遂为旗人所专有，成为禁地了。东自东街、井大路、仙塔街交叉点起，一直至东门兜，包括整个东湖。北从汤门温泉路、秘书巷向南展延到水部门古仙桥河沿，包括河东街、河西街（五一路的一段），大根路几条街道，盖起满洲营房，八旗住宅，将军衙门（今东大路省立医院），都统衙门（城守前今轻工业厅机器厂），都在圈地界内，名曰"旗下街"。辛亥革命时，曾一度改称光复街，即今东大路的一大段。原在东街十字街口分界处，筑有一座骑牌楼大门以为标志，圈地以内都是八旗汛地，门里有个小型衙门置官把守，监视人民出入，名曰旗汛口。尽管旗界地广人稀，但只准汉人通行，不准汉人杂居（鸦片战争以后，逐渐放松，才许一些汉人迁入居住或做一些贸易）。

由于这样的特殊畛域形式，形成了汉满的严格界限，不断地引起汉人和满人的冲突纠纷，经常发生事故，以下面两三事为多：一件是青幼年的旗人最喜爱玩弄铁球，天天在街道上旁若无人地踢球作乐，汉人稍有不小心把他一碰，他们认为有碍他们踢球活动，大兴问罪之师，把这过路人打得皮破血流，东门外农民挑菜进城，如果碰到踢球时，常常被他们把菜倒在河里去；挑粪出城的农民脚上偶有泥泞污地，便强迫洗濯干净，破口大骂，把农民吓得通身发抖。另一件是八旗妇女装束和汉人完全不一样，穿着长衫旗袍，披上背心，已经结婚的女子还要把鞋的后端折叠起来拖着行走。她们的耳朵凿有小孔，坠着好几个耳环，据说儿子结婚时加上一个环，环数越多，表示儿孙的代数越多，显得无比的光荣，一贯不作劳动，白天多站在门口聊玩，汉人偶尔通过旗下街，看到这样的装束，不免为好奇心所驱使，回头注视一下，旗人借口有意侮辱，便围聚殴打，毫不留情。因此，汉人平时相戒不要随便走入旗界，万不得已要通过旗下街时，也须提高警惕，乖乖地低头垂手，不敢仰视和回顾。此外，还有一事也会发生恶感，就是旗人一生过着剥削生活，平日闲得无事，整天玩着画眉鸟、鹌鹑、蟋蟀，偶尔和汉人竞赛斗画眉斗蟋蟀，他们总是依靠八旗势力，不讲竞赛规则，硬要夺取优胜。总括说来，哪凡与旗人接触时，都会引起恶感，使汉人抱着无限的愤怒。

《辛亥革命福州处理八旗官兵经过》

❖ **郁达夫**：闽都鼓山行

闽都地势，三面环山，中流一水，形状绝像是一把后有靠背左右有扶手的太师椅子。若把前面的照山，也取在内，则这一把椅子，又像是面前有一横档，给一二岁的小孩坐着玩的高椅了。两条扶手的脊岭，西面一条，是从延平东下，直到闽侯结脉的旗山；这山隔着江水，当夕阳照得通明，你站上省城高处，障手向西望去，原也看得浓紫细缊；可是究竟路隔得远了一点，可望而不可即，去游的人，自然不多。东面的一条扶手，本由闽侯北面的莲花山分脉而来，一支直驱省城，落北而为屏山，就成了上面有一座镇海楼镇着的省城座峰；一支分而东下，高至二千七八百尺，直达海滨，离城最远处，也不过五六十里，就是到过福州的人，无不去登，没有到过福州的人，也无不闻名的鼓山了。鼓山自北而东而南，绵亘数十里，襟闽江而带东海，且又去城尺五，城里的人，朝夕偶一抬头，在无论什么地方，都看得见这座头上老有云封，腰间白墙点点的魁奇屏障。所以到福州不久，就有友人，陪我上山去玩；玩之不足，第二次并且还去宿了一宵。

鼓山的成分，当然也和别的海边高山一样，不外乎是些岩石泥沙树木泉水之属；可是它的特异处，却又奇怪得很，似乎有一位同神话里走出来的艺术巨人，把这些大石块、大泥沙，以及树木泉流，都按照了多样合致的原理，细心堆叠起来的样子。

坐汽车而出东城，三十分钟就可以到鼓山脚下的白云廨门口；过闽山第一亭，涉利见桥，拾级盘旋而上，穿过几个亭子，就到半山亭了；说是半山，实在只是到山腰涌泉寺的道路的一半，到最高峰的屼崱——俗称卓顶——大约总还有四分之三的路程。走过半山亭后，路也渐平，地也渐高，回眸四望，已经看得见闽江的一线横流，城里的人家春树，与夫马尾口外，海面上的浩荡的烟岚。路旁山下，有一座伟大的新坟，深藏在小山的怀里，是前主席杨树庄的永眠之地；过更衣亭、放生池后，涌泉寺的头山门牌坊，就远远在望了，这就是五代时闽王所创建的闽中第一名刹，有时候也叫作鼓山白云峰涌泉院的选佛大道场。

《闽游滴沥之二》

▷ 闽江风景

▷ 闽江上的船

❖ 郑丽生：鼓山石刻"天风海涛"

▷ 鼓山宋代石刻

朱熹所书的"天风海涛"四字，刻于屴崱峰磐石，真书，径二尺，无年月。因为朱熹是我国历史上正统派的学者，影响巨大，后人游鼓山往往要访问这个石刻，表示景仰。王世懋《游鼓山记》云："……亟问僧晦翁先生所书'天风海涛'何在，乃刻一卧石上，书楷而遒，稍不似平日书。"潘耒《鼓山游记》也提到"山顶有石刻'天风海涛'四字，是朱晦翁书，遒逸有晋唐人风格，与晦翁他书不类，贤者固不可测。"按《福建金石志》载，晋江安平镇石佛寺也有朱熹所书"天风海涛"四字石刻，不知与此有没有异同。

"天风海涛"四字，是从赵汝愚（子直）游鼓山诗的名句摘出的。赵诗刻于石门的左侧石壁上，文曰："几年奔走厌尘埃，此日登临亦快哉。江月不随流水去，天风直送海涛来。故人契阔情何厚，禅客飘零事已灰。堪叹世人只如此，危栏独倚更徘徊。绍熙辛亥九月二十日赵子直同林择之（用中）、姚宏甫来游，崇宪、崇范、崇度侍，待王子克、林井伯（成季）不至。"行书。鼓山的宋刻，字体多肥厚凝重，此独瘦削劲拔。这一诗的颈联，成为传诵甚广的名句，林则徐做江苏巡抚时，也曾亲书此联锓版，悬挂在焦山自然庵。

《鼓山摩崖石刻》

❖ 郁达夫：涌泉寺三奇

涌泉寺的建筑布置，原也同其他的佛地丛林一样，有头山门、二山门、钟鼓楼、天王殿、大雄宝殿、后大殿、藏经楼、方丈室、僧寮客舍、戒堂、香积厨等等，但与别的大寺院不同的，却有三个地方。第一，是大殿右手厢房上的那一株龙爪松。据说未有寺之先，就有了这一株树，那么这棵老树精，应该是五代以前的遗物了，这当然是只好姑妄听之的一种神话；可是松枝盘曲，苍翠盖十余丈周围，月白风清之夜，有没有白鹤飞来，我可不能保，总之以躯干来论它的年纪，大约总许有二三百岁的样子。第二，里面的一尊韦驮菩萨，系跷起了一只脚，坐在那里的。关于这镇坐韦驮的传说，也是一个很有趣味的故事，现在只能含混地重述一下，作未曾到过鼓山的人的笑谈，因为和尚讲给我听的话，实际上我也听不到十分之二三，究竟对与不对，还须去问老住鼓山的人才行。

——从前，一直在从前，记不清是哪一朝的哪一年了，福建省闹了水荒呢也不知旱荒；有一位素有根器的小法师，在这涌泉寺里出了家，年龄当然还只有十一二岁的光景。在这一个食指众多的大寺院里，小和尚当然是要给人家虐待、奚落、受欺侮的。荒年之后，寺院里的斋米完了，本来

▷ 鼓山上的涌泉寺

▷ 回龙阁原貌

就待这小和尚不好的各年长师兄们，因为心里着了急，自然更要虐待虐待这小师弟，以出出他们的气。有一天风雨雷鸣的晚上，小和尚于吞声饮泣之余，双眼合上，已经蒙眬睡着了，忽而一道红光，照射斗室，在他的面前，却出现了那位金身执杵的韦驮神。他微笑着对小和尚说："被虐待者是有福的，你明天起来，告诉那些虐待你的众僧侣罢，叫他们下山去接收谷米去；明天几时几刻，是有一个人会送上几千几百担的米来的。"第二天天明，小和尚醒了，将这一个梦告诉了大家；大家只加添了些对他的揶揄，哪里能够相信？但到了时候，小和尚真的绝叫着下山去了，年纪大一点的众僧侣也当作玩耍似的嘲弄着他而跟下了山。但是，看呀！前面起的灰尘，不是运米来的车子么？到得山下，果然是那位城里的最大米商人送米来施舍了。一见小和尚合掌在候，他就下车来拜，嘴里还喃喃地说，活菩萨，活菩萨，南无阿弥陀佛，救了我的命，还救了我的财。原来这一位大米商，因鉴于饥馑的袭来，特去海外贩了数万斛的米，由海船运回到福建来的。但昨天晚上，将要进口的时候，忽而狂风大雨，几几乎把海船要全部的掀翻。他在舱里跪下去热心祈祷，只希望老天爷救救他的老命。过了一会儿，霹雳一声，桅杆上出现了两盏红灯，红灯下更出现了那一位金身执杵的韦驮大天君。怒目而视，高声而叱，他对米商人说："你这一个剥削穷民、私贩外米的奸商，今天本应该绝命的；但念你祈祷的诚心，姑且饶你。明朝某时某刻，你要把这几船米的全部，送到鼓山寺去。山下有一位小法师合掌在等的，是某某菩萨的化身，你把米全交给他罢！"说完不见了韦驮，也不见了风云雷雨，青天一抹，西边还现出了一规残夜明时的月亮。

众僧侣欢天喜地，各把米搬上了山，放入了仓；而小和尚走回殿来，正想向韦驮神顶礼的时候，却看见菩萨的额上，流满了辛苦的汗，袍甲上也洒满了雨滴与浪花。于是小和尚就跪下去说："菩萨，你太辛苦了，你且坐下去歇息罢！"本来是立着的韦驮神，就突然地跷起了脚，坐下去休息了……

涌泉寺的第三个特异之处，真的值得一说的，却是寺里宝藏着的一部经典。这一部经文，前两年日本曾有一位专门研究佛经的学者，来住寺影印，据说在寺里寄住工作了两整年，方才完工，现在正在东京整理。若这影印本整理完后，发表出来，佛学史上，将要因此而起一个惊天动地的波浪，因为这一部经，是天上天下，独一无二的宝藏，就是在梵文国的印度，也早已绝迹了的缘故。此外还有一部血写的《金刚经》，和几叶菩提叶画成的藏佛，以及一瓶舍利子，也算是这涌泉寺的寺宝，但比起那一部绝无仅有的佛典来，却谈不上了。我本是一个无缘的众生，对佛学全没有研究，所以到了寺里，只喜欢看那些由和尚尼姑合拜的万佛胜会，寺门内新在建筑的回龙阁，以及大雄宝殿外面广庭里的那两枝由海军制造厂奉献的铁铸灯台之类，经典终于不曾去拜观。可是庙貌的庄严伟大，山中空气的幽静神奇，真是别一个境界，别一所天地；凡在深山大寺，如广东的鼎湖山，浙江的天目山、天台山等处所感得到的一种绝尘超世、缥缈凌云之感，在这里都感得到，名刹的成名，当然也不是一件偶然的事情。

《闽游滴沥之二》

❖ **林行：二梅书屋**

郎官巷24号二梅书屋，是清道光同治年间福州名人林星章宅第。

该宅始建于明末，清道光同治间及民国间大修，木构。前后五进，门头双重大门，第一扇为朝街六开大门，有楼檐，原门额中央挂"进士"金字匾。入门，中间小厅，两侧耳房。进石框大门、三面环廊、东西两廊宽2米，原安放仪仗执事牌，上书主人历任官职。廊下天井，中为走道，两旁栽花。从天井上三层台阶为第一进厅堂，三间排，大厅高敞，可搭七层桌，飞檐吊柱，雕画精彩。两侧厢房为4米×6.5米，房门四开式，窗花用骨格编排成各种花饰，门扇窗扇、壁板等全部楠木构成。

第二进建筑与首进大略相同，所不同的是厅前有长廊可并排六顶大轿，天井两侧有披榭。

第三进建筑分为三区：第一区有两房一厅，是林家书斋；第二区为佛堂，为本家寡妇和节女念经拜佛之所，现称为三间排；第三区为库房，共五间，分别为米库、菜库、酒库、柴房、工具房，现称为五间排。

第四进为"二梅书房"，这里只有一间藏书屋和一间书房，是林星章藏书画、阅读和写字的房间，唯今书房和书屋亦改为住房。原来屋前有两株梅花，花卉百盆，绿草如茵。

第五进为花厅，三开间，中为厅，两旁为房，有前后四间厢房，所有门、窗、壁板等皆楠木制成。窗子都是双重漏花，冬夹窗纸，夏蒙窗纱，壁板、门扇上部都有油漆画面，上画戏剧故事、花鸟树木。厅前小花园边，有两座古亭，亭前有一株100多年的荔枝树和一株棕树，树后有一座假山，与塔巷仅一墙之隔，站在假山顶，可望见塔巷街路。这是目前保存较好的一幢五进大院，进与进之间有围墙相隔，过道露天处有复龟亭以遮雨。

《鼓楼珍贵的古建筑》

❖ 林行：艺术珍品——欧阳推花厅

衣锦坊54号欧阳推花厅，电视片《三坊七巷漫话》《榕城赋》《福建》等，都在这里拍摄了不少镜头。日本古建筑考察团捷足先登，新加坡、菲律宾、澳大利亚、法国、意大利、德国等十多个国家和地区代表团以及同济大学、南京工学院等十多所大专院校、建筑科学研究系接踵而至，一致认为，这个花厅许多木构件，镂刻巧镌，神工妙手，算得上是当今世上的艺术珍品。

花厅建于清乾隆嘉庆年间（1736—1820），木构，面积约400平方米，由前后花厅、覆龟亭、书房等三个部分组成。前花厅是全宅的精华，宽12

米，进深21米，三开间，中为厅、旁为房。客厅前壁各有六扇门窗子，窗上部为镂空漏花，中间为玻璃窗框，窗框下为楠木壁板。客厅两侧所有门、窗、壁板、漏花框架全是楠木制作，拼、镶、榫、卯合成，全无铁钉及金属配件，关启自如。所有窗子漏花都是双重，冬夹纸，夏蒙纱。所有门框和窗框漏花骨格仅0.6厘米，最大空隙不过2.5厘米，编排榫接用生漆作黏合料。其中最有特色的是左右厢房八扇门，每扇门的花槛中镶入100多幅用黄杨木树根相形雕琢而成的花鸟图案，现在还可以随手掏出，随手嵌入。

后花厅宽12米，深5米，三间排。前廊宽2米，廊前左右对称两根吊柱，柱头雕刻牡丹花，乳状间有一木雕飞鸟，造型优美。古代，男女授受不亲，后花厅专为妇女吟集、娱乐之所。

覆龟亭即花厅经返书房的中间通道，高与厅檐齐，宽6米，纵深5米，亭两侧有美人靠，地面斗底砖。美人靠外旁为天井，供栽花养鱼。

书房宽12米，深3.5米，中为厅，旁为书室。中间书厅有八扇门，两侧书室各有四扇撑开式窗子，全楠木构制，拼、镶、榫、卯合成，亦无铁钉或金属配件，艺术价值相当高。

《鼓楼珍贵的古建筑》

❖ **林行:** 工艺考究的谢家花园

东街旧闽县4号谢家，是一个单进、单层砖墙木构小屋，双重小门，入临街六扇大门有门头房，屋顶框架皆精雕细刻，保存完好。入石框大门为五间排房屋，坐西朝东，房前天井深5米，宽9.2米，种有茶花、茉莉、盆景等十多盆。走上天井是宽27.8米、深17.7米的五间排，屋顶木构架由驼峰、斗、拱、托相互交叠，精雕细琢，玲珑生动。大厅两壁各8扇壁扇，窗子漏花采用镂空精雕、榫接而成、工艺精美，构成丰富的花锦图案。四间厢房前有十二扇撑开式窗子，用漏花骨格编排，工艺非常考究。厅前厅后20多条大石条，宽者达80厘米，长者达10多米。30根大木柱，青石柱础，四周浮雕八骏马，十二生肖等。门、窗、壁扇、插屏门、石框大门、灯桁等全部楠木构成。特别，前厅和后厅的粉墙正中，有一悬塑的"福"字，字径三尺，字圈上各有三只蝙蝠，相映成趣。墙顶上彩塑有"八仙过海""双狮抢珠""百子千孙郭子仪""五代同堂张公义""刘海钓金蟾"等故事。西侧有门可通花厅，花厅小巧玲珑，原是家庭书斋，为旧时子弟课读的地方，书斋墙上有一幅卷书，上写"一帘花影云拖地，半夜书声月在天"的对联。整座房屋基本保持清道同时期原来的格局和风貌，身入其境，仿佛置身于古代灿烂的文化环境之中。

《鼓楼珍贵的古建筑》

❖ 杨秉纶：闽王祠

闽王庙到明代改称闽王祠，沿用至今。笔者1961年从部队接收闽王祠时，与现今又已有很大的变化。笔者所看的闽王祠是民国十年由王骐重修的闽王祠。

祠前有跨街红色宫墙，东西有门洞，供人通行，上有额。一曰：绍越开疆，一曰：八闽人祖。祠坐北向南，正门大石券门洞，双开门，额青石竖刻楷"奉旨祀典""闽王祠"。左右小旁门，也是石券门洞额横刻"崇福""报功"。门后小院，院偏东立唐《恩赐琅琊郡王德政碑》，院西侧立明代《重修忠懿闽王祠碑记》。进入第二道门墙，正中开门，方石门框，门后为走廊接左右廊，过天井（院庭）便是祠厅。厅坐北向南，前廊后堂，面阔三间五柱，前游廊。正中供奉闽王王审知夫妇塑像，仅残存泥座。左右及边旁均设木神龛，龛内供奉王氏闽王以下后裔神主牌，是由全省各地王姓子孙进祀的宜宗神位。堂后有小门通后院。后院内为民国式双层楼房，

▷ 闽王祠

▷ 王审知德政碑

系祠被用作贫民小学时建的教室。楼后院墙上镶嵌着宋开宝七年《重修忠懿王庙碑铭》。祠中轴线西墙外，与双层楼房平行的方位有王审知母亲董太后享堂，也是坐北向南，阔三间，深五柱。堂前小院，立一碑，竖刻"拜剑台古迹"。相传王审知曾拜剑飞起，而获得封疆大任。

《闽王府·闽王祠·庆城寺》

❖ 林家钟：开元寺造像

王审知在开元寺造像两次。一在天祐二年（905）于灵山塑北方毗沙门天王像，这是泥塑的；一在天祐三年（906），铸金铜像一，丈有六尺高，菩萨二，丈有三尺高，铜为内肌，金为外肤，这三个大小贴金铜佛，都见于黄滔《丈六金身碑》，不知何时丢失。志书也无下文。至《三山志》"寺观"类中"僧寺"条目所云："怀安太平寺，同光元年，闽忠懿王析开元寺建，忠懿于城南张炉冶十三所，备铜腊三万斤，铸释迦牟尼像。"

这个铜佛，不知何时丢失。三万斤铜像不可能被盗，很有可能被火熔化。《三山志》"开元寺"条云："有辟支佛……梁贞明四年，闽王以梦故，铸铜万斤，置太平寺……政和六年，以寺为神霄宫，移置开元戒坛。"同是《三山志》，这里说在后梁贞明四年（918）建寺铸佛，而在"太平寺"条又说："同光元年（923）忠懿析建，张炉冶"等等，前后不符。这个铜佛到底毁于何时，而今日这铁佛，究在何时冶铸？笔者认为，此铜佛可能在天禧中（1017—1021）被焚，其后，庆历中（1041—1048）又修建太平寺，今日所存铁佛的冶造，应在此时。清初，在铁佛石座下，发现银塔一座，上有元丰六年（1083）字样，亦可能为元丰六年前已有铁佛之证。至《三山志》所云："政和六年（1116）以寺为神霄宫，（佛像）移置开元戒坛"等况，核与实际情况不符。

▷ 开元寺铁佛

　　这个铁佛，乾隆《福州府志》记载为宋后所铸。其形象为叠掌盘足坐于莲花台上，外披泥金，高5.3米，宽4米，头部实心，人立佛肩上，伸手摸不到头，肚脐有孔，过去儿童多以瓦石投其中，后宝松和尚用金箔封脐孔，遂不见其迹。全佛像估计有十万斤以上，造工精巧，极有艺术价值。在北宋时代，福州能制出十万斤铁佛，其冶炼技术较唐代进步。供养铁佛的殿，后人名铁佛殿，明末文人曾异撰有联云："古佛由来皆铁汉，凡夫但说是金身。"明末小说家冯梦龙《警世通言·旌阳宫铁佛镇妖》中，曾提及福州开元寺铁佛故事。

《福州开元寺今昔》

❖ 林炳钊：地藏寺与金鸡山

福州金鸡山地藏寺位于东郊金鸡山西麓，晋安河畔，已有一千四百多年兴废史。它原名"法林尼寺"，建于梁武帝大通元年（527），是福建最早的尼庵。后因尼散寺废，继于唐昭宗乾宁元年（894）重修，五代闽王时改建为"报恩寺"。当时，佛教盛行，天下名山多为僧尼所占，东郊本系风景区，因而，寺院林立，碧瓦红墙，梵钟苍松，给优美的自然环境增添了庄严肃穆的色形，吸引了不少游客。现在的地藏寺，就是报恩寺的一个殿宇——地藏殿，经过宋、元、明、清各代修葺和扩建，规模宏伟。又因一度火灾，寺灭殿毁。清同治甲子（1864）年间重修，定名为"古迹地藏寺"。清末民初，比丘信坚、自通及秀岩等管理，除供佛外，又成为寄棺之所。戊戌维新变法的六君子之一林旭，被清廷杀害后，运棺回原籍福州后，曾停枢于此。1930年间，比丘尼德钦法师为"振兴地藏"，劝募"一钱一功德"，风餐露宿，走遍江浙。回榕后，率双溪庵尼众出资接管。移棺枢九十六具他葬，重修庙宇，寺貌焕然一新。1944年建成火葬炉，为榕城市区创办了火化场所。福州解放前，又经海内外捐款资助，建成骨灰寄存塔，修造念佛堂。从此，地藏寺不仅与鼓山涌泉寺、怡山西禅寺同样行持，成为我国南方著名的女众丛林；而且，还驰名日本、美国及东南亚一些国家和地区，教友遍布各地。……

地藏寺有弥勒殿、韦驮亭、地藏王大殿、十五殿、祖师殿、观音堂、功德堂等建筑，以及古石柱、石碑等。布局匀称，质朴古雅。殿内的地藏王、观世音、金刚、弥勒、韦驮等泥塑金身，造型精美，法相庄严。大殿悬挂着一口清康熙年间重铸的九百多斤重的古铜钟，撞击时，钟声洪亮，远近皆闻。

寺前左右分立着高耸的古榕，舒枝张臂，似迎宾客；殿宇后院，围墙绕筑，把石山装饰为园林假山，重叠的岩石裂缝中长出形似凉伞一样的榕树，古樟参天蔽日，景色宜人。岩石形异状奇，内有一石，镌刻有"金鸡洞辇白云间，围住真山当假山，五岳匡卢常到眼，免携杖履远跻攀。"这是前人吟咏地藏寺的秀丽景色和独特风光。

▷　与地藏寺齐名之西禅寺大雄殿

　　金鸡山略高于榕城三山之一的"屏山"，成为东郊诸山之首。山景秀丽，树木丛生。山上古迹有"八仙过海"的李铁拐脚印及其拐杖痕迹。山顶上矗立着一块又长又大的岩石，形似"状元帽"，岩上刻有"棋盘"等，但称为"金鸡洞"。传说，古时发现山上有金鸡成群地在这块岩石附近飞翔，"金鸡三唱，天色黎明"。这个优美的故事，也就是金鸡山山名的起因。

《福州古刹地藏寺》

❖ 郑拔驾：马尾船厂　罗星塔旁

　　马尾在闽江北岸，距城台江汛约三十里。江心有巨石如马头，潮平则没，潮退则现，故名马江。沿江村镇遂名马尾。入水十尺以上之轮船，均停泊于此。马路宽阔，市肆齐整，旅馆、饭店、邮政、电报、村自治公所，应有尽有；将来福马公路告成，省内外旅客均由此上下，较前比更热闹。海军造船厂规模宏大，厂设立于1867年，聘请法国技师为正副监督，招请法国工人传授技艺，聘请英国技师传授航海术。1873年后厂务完全由中国人自理，成绩甚佳，计至现在至，共造成42船，其中商船8，拖船1，其余则为各式军船及鱼雷艇等，修理船舶更多。厂内工人达1000人以上。厂分绘图室、铸冶厂、小艇场、木工场、铁料场、机器厂、汽锅场、帆索部、制砖场、船坞等，海军学校分两院，办理亦可观。又该地出产炒花生，脍炙人口。

▷ 罗星塔

罗星塔为一小岛，在马尾东，以木桥相通，屹立江心。闽江之水以南台岛分为台江、乌龙江。至马江复合为一，岛镇压水口，故称罗星，俗呼磨心，以在水中央也。塔在岛上，为宋时柳七娘所造。七娘，岭南李氏女，貌美，里豪谋夺之，抵其夫与法，谪死闽南，七娘斥卖所有，入闽捐资造塔，以资冥福。塔在岛之最高部，可为到闽之标志，旅客搭轮远见一塔高耸，便知将停轮矣。环塔旁者，屋宇市肆，重叠栉比，亦殊热闹。

《福州旅行指南》

❖ 林怡：观澜书院

▷ 民国四年闽侯县私立螺洲观澜小学校十周纪念摄影

观澜书院，俗称"观澜堂"，因它坐落于洲尾江浒，院门正对盘萦而过的乌龙江，可观澜滚波翻、潮涨潮落，故以得名。院内有奎光阁，相传建于明初，系明成祖永乐年间，乡人括囊子林岜，及其弟晞发生林峦、巢云子林颏三人读书处，他们愤朱棣篡权，拒绝出仕而隐于故乡读书著述以明志，后人称此阁为"三才子读书楼"。书院正前方右岸临江处有螺女庙（螺女徐氏仙娘庙），著名的田螺姑娘的传说即出于此。书院正前左岸临江处嵌有明才子王偁所书"曲水观澜"擘窠大字石刻，笔力苍劲，气势磅礴。但因久历风吹涛打，字迹漫漫模糊，后得左宗棠所赏识的乡人书法名家林兰琴（字则伊）重书复刻。林则伊书艺精湛，笔力奇崛劲拔，风格酷似朱熹，故后人多误为"曲水观澜"出自朱熹手笔。明清以来，面山临水的观澜书院、螺女庙及"曲水观澜"碑刻一直是远近骚人墨客慕名游览、寄兴抒怀的佳丽地——此处风起潮涌，千帆竞发，百舸争流，伫立在虬干盘空、绿荫翳日、长须飘拂的百年老榕下，极目骋怀，适足以怡情养志也！

在福建，"林陈半天下"，民间戏语"林家天下陈家党"。洲尾林氏乃"双阙林"之后，与"九牧林"同出一宗，唐宋以来以忠孝廉介和文采斐然为世所重。清乾隆三十三年，洲尾乡贤林雨化中举人。雨化公秉性耿介，素履道义，是个贫贱不能移、富贵不能淫、威武不能屈的真君子。他和林则徐的父亲林宾日等结社"真率会"，月必集聚于希五斋，谈文论政，忧国忧民，对少年林则徐影响极大，林则徐终生钦慕心仪雨化公，将雨化公比为司马迁和黄道周，以其风节为立身行事的楷模。雨化公的高风亮节感染着观澜书院的历届莘莘学子。

《江山才子笔，天风如写读书声——福州螺洲观澜书院盛衰记》

❖ 萨伯森：福州螺洲陈氏五楼

螺洲，一名螺江。因盛产柑橘，被称为橘洲；又因莳花甚多，亦号百花仙洲。位于南台岛之东南端，离福州市中心45华里。

螺洲居民，昔以陈、吴、林三姓为主。三姓之中，陈氏称为望族，据说唐时由河南迁入闽中。陈宝琛《三修族谱序》称，螺洲陈氏是明初洪武年间自长乐鹤上之陈店迁入，自始祖陈巨源起，至今已传二十多代，清初始盛。

螺洲陈氏之第十三代陈若霖，字宗观，号望坡，清乾隆五十二年（1787）进士，选翰林院庶吉士。……陈若霖为官达45年之久，以谳狱、水利等多方面的卓著政绩，名重朝野，为螺洲陈氏著称之始。若霖之次子景亮，字孔辅，号弼夫，进士出身，累官至云南布政使，任上以气疾乞休归里。景亮之长子承裘，字孝锡，号子良，进士出身，任刑部主事。后因父疾辞归，不再出仕。承裘长子宝琛，字伯潜，号弢庵，清同治七年（1868）进士，为翰林院编修，后授侍讲学士，升内阁学士兼礼部侍郎，为末代皇帝溥仪之师，终授太保进太傅。

螺洲陈氏累代簪缨。自陈若霖起，连续五代出进士。陈承裘共六个儿子，三个为进士，三个中举人，成为著名的"六子科甲"。承裘之孙（宝缙之子）懋鼎亦为进士，致有"父子叔侄兄弟同榜进士"之奇观。陈氏成为闽中最显赫官宦世家之一，遂在螺洲旧第先后建成五楼，为福州著名园林之一。

赐书楼

陈若霖在朝时，曾得清帝不少赐书，乃建赐书轩庋藏之；后由陈宝琛改建成赐书楼。除陈若霖所得赐书，陈宝琛所得清帝赐书更多，都收藏于此楼中。楼前悬有翁方纲所书"赐书楼"之匾。匾额两旁，有木刻楹联："赐书夸父老，听履上星辰。"

赐书楼楼下长廊上，亦有一副对联："至乐无声惟孝悌，大羹有味是诗书。"又有陈宝琛录其父承裘之家训一联："聪明原美质，非愚无以尽实际；忠孝只嘉名，守正方不入歧趋。"

赐书楼楼下，为陈宝琛罢官乡居时，与夫人王眉寿（字茀庄，状元王仁堪之胞姐）住房。房中陈设，为五楼中之冠。

还读楼

还读楼当是用陶渊明《读山海经》诗句"既耕亦已种，时还读我书"之语意命名。楼中藏书亦富，多系陈宝琛所得者，颇多善本。还读楼前有光绪皇帝之师翁同龢所书楹联云："江天留客楫，湖海读书楼。"

楼有两盖环廊而绕之。楼外数武，有铁石轩。轩前立"铁石"一块，状甚雄伟。轩中悬木制楹联云："几多怪石全胜画，无限好山都上心。"盖铁石之外还有数笏佳石，散立其间也。

陈宅首进大厅，有何维朴所书隶书长联，联文雅切可喜："锦带江流，画屏山色，佳气常钟持节第；神仙胜地，德行名家，清风长护赐书堂。"

沧趣楼

楼台寓归隐之意。因中法战争中，陈宝琛奏荐唐炯、徐廷旭堪任军事，二人相率败绩。光绪十一年（1885）部议，陈宝琛以"荐人失察"过，被降五级调用（此前不久，他已丁母忧回籍守制）。自是里居二十余载，以兴办学堂，倡建铁路，为桑梓服务，故以沧趣名其楼；且其所著诗文集，亦以沧趣楼署之。此楼为陈宝琛投闲置散后所建。当时并在福州鼓山建有听水斋，在永泰方广岩建有听水第二斋。沧趣楼中满贮金石书画，并悬有《澂秋馆全图》。楼下庭中立有巨石十二块，各肖地支动物之形；又置长城巨砖二块。庭畔有小池。墙外花圃，门额乃沈瑜庆所书"橘中乐"三字。楼之左、右悬挂木刻楹联甚多。其中刘墉手书"不贪夜识金银气，远客朝看麋鹿游"一对，端庄浑厚，人更盛称之。

曩时，朝野名人来访者，恒于沧趣楼招待之。而吾乡文人如陈衍、严复、林纾、王允皙、何振岱等，则经常为座上客云。

北望楼

此楼坐南朝北，乃辛亥鼎革后所建，其横匾为郑孝胥所书"北望楼"三字。有一联云："百年世第看乔木；万卷家藏有赐书。"

楼中于图书、鼎彝之外，最奇特者，乃高悬中国最后皇帝宣统（溥仪）之照片（此照片为盛服临朝所摄之影）一帧。从楼名到陈设，都表现出浓厚的"思君恋阙"之意。如今已属历史陈迹矣。宝琛尝有句云："云山北向心长耿，河汉西倾泪与齐。"可见念念不忘旧主之情怀云。

晞楼

此楼乃五楼中最后建成之楼。楼名想系采用嵇康《养生论》中"晞以朝阳"语意为之，故此楼东向，以迎朝曦。楼上有阳台，设水泥固定椅桌，以供观日赏月、迎风听雨之用。楼下仅六间房屋，供客住宿而已。

《福州螺洲陈氏五楼》

❖ 郁达夫：福州的西湖

总之，是一湖湖水，处在城西。水中间有一堆小山，山旁边有几条堤，几条桥，与许多楼阁与亭台。远一点，是附廓的乡村；再远一点，是四周的山，连续不断的山。并且福州的西湖之与闽江，也却有杭州的西湖与钱塘江那么的关系，所以要说像，正是再像也没有。

但是杭州湖上的山，高低远近，相差不多；由俗眼看来，虽很悦目，一经久视，终觉变化太少，奇趣毫无。而福州的西湖近侧，要说低岗浅阜，有城内的屏山（北）与乌石山（南），城外的大梦山祭酒山（西）。似断若连，似连实断。远处东望鼓山连峰，自莲花山一路东驰，直到海云生处。有时候夕阳西照，有时候明月东升，这一排东头的青嶂，真若在掌股之间；山上的树木危岩，以及树林里的禅房僧舍，都看得清清楚楚；与西湖的距离，并不迫近眉睫，可也不远在千里，正同古人之所说，如硬纸写黄庭，恰到好处的样子。

福州的西湖，因为面积小，所以十景八景的名目，没有杭州那么的有名。并且时过景迁，如大梦松涛的一景，简直已经寻不出一个小浪来了，其他的也就可想而知。但是开化寺前的茶店，开化寺后，从前大约是宛在堂的旧址的那一块小阜，却仍是看晚霞与旭日的好地方。西面一堤，过环桥，就可以走上澄澜堂去，绕一个圈子，可以直绕到北岸的窑角诸娘的家里，这些地方，总仍旧是千余年前的西湖的旧景。并且立在环桥上面，北望诸山腰里的人家，南瞻乌石山头的大石，俯听听桥洞下男男女女的行舟，清风不断，水波也时常散作鳞文，以地点来讲，这桥上当是西湖最好的立脚地。桥头东西，是许世英氏于"五四"那一年立"击楫"碑的地方，此时此景，恰也正配。

▷ 门上书"西湖公园"四字

▷ 西湖

福州西湖的游船，有一种像大明湖的方舟，有一种像平常的舢板，设备倒也相当的富丽，但终因为湖面太小了一点，使人鼓不起击楫的勇气；又因为湖水不清，码头太少，四岸没有可以上去游玩的别墅与丛林，所以船家与坐船的人，并没有杭州那么的多。可是年年端午，西湖的里里外外，上上下下，总是人多如鲫，挤得来寸步难移；这时候这些船家，便也可以借吊屈原之名而扬眉吐气，一只船的租金，竟有上二三元一日的；八月半的晚上，当然也是一样。

对于福州的西湖，我初来时觉得她太渺小，现在习熟了，却又觉她的楚楚可怜。在《西湖志》的附录里，曾载有一位湖上的少女，被人买去作妾；后来随那位武弁到了北京，因不容于大妇，发配厮养卒以终。少女多才，赋诗若干绝以自哀，所谓"为问生身亲父母，卖儿还剩几多钱？"以及"嫁得伧父双脚健，报人夫婿早登科"等名句，就是这一位福州冯小青之所作。诗的全部，记得《随园诗话》，和《两般秋雨庵随笔》里都抄登着在。她，这一位可怜的少女，我觉得就是福州西湖的化身；反过来说，或者把西湖当作她的象征，也未始不可。

《福州的西湖》

❖ 官桂铨：于山戚公祠旁的抗战题刻

1931年九一八事变后不久，日本帝国主义占领我国东北全境，激起了我国人民对日本帝国主义的无比仇恨。福州人士经常前往于山戚公祠，缅怀明代抗倭将领戚继光的丰功伟绩，赋诗题字，在戚公祠前留下了一些有意义的摩崖题刻。今日我们娑婆这些题刻，更加激起爱国热情。

戚公祠前原有长乐诗人施景琛于1932年2月在"平远台社饮"后题刻了一首七律诗，末联云："若使中原能底定，毋忘社祭告先贤。"诗人模仿陆游《示儿》的诗句，希望早日赶走日本侵略者，国家安定。但是日本帝国主义又占领了我国热河，中国人民同仇敌忾，备起反抗，人们在戚公祠醉石亭旁岩石上刻上"四省沦亡，空前耻辱，嗟我国人，何时湔雪"两行大字，表现中国人民誓死收复失地的坚强决心。蔡廷锴等领导抗日的国民党第十九路军将领丘国珍题刻了"国魂"两个大行书，十九路将领翁照垣也题刻了"剿倭先进"四个大行书。1933年8月永定人林鸿辉也题刻了"民族之光"四个大楷字，都表示以戚继光的榜样，英勇抵抗日本侵略者。

1936年，正当日本帝国主义侵占东北三省后，进而蚕食华北的时候，浙江童杭时在醉石亭下的岩壁上写下了四个苍劲有力的大楷字"誓雪国耻"，字大一米，最引人注目。同时，文学家郁达夫在拜谒戚公祠后写了一首《满江红》："三百年来，我华夏，威风久歇。有几个，如公成就，丰功伟烈！拔剑光寒倭寇胆，拨云手指天心月。到于今，遗饼纪东征，民怀切。会稽耻，终须雪；楚三户，教秦灭。愿英灵，永保金瓯无缺，台畔班师酣醉石，亭边思子悲啼血，向长空，洒泪酹千杯，蓬莱阙。"作者着力歌颂民族英雄戚继光，表示对日本侵略者仇傲和对当局的不满。

1945年9月日本无条件投降，中国人民欢欣鼓舞，庆祝抗日战争取得了伟大的胜利，1946年春，上海沈桢等人谒戚公祠，因"战胜勒石"于醉石亭崖石上，刻诗两首："江围大野郁雄图，平远台荒豹气粗。逋客南来犹净土，将军老去尚戚孤。激山急水风声壮，落照春城塔势孤。四百年前今日事，高原释甲又提壶。""台榭梯云气自豪，暮分竟病罢弓弢。劈开重雾仍驯豹，踏遍三山偶驾鳌，脚底烟轻生野意，寰中风大唱葡萄。江城落日街孤塔，一柱雄擎宇宙高。"诗人看到了中国人民取得抗日战争的最后胜利，心情无比兴奋，认为这是继戚继光抗倭后四百年来的又一次大胜利，放怀高唱凯歌。

《于山戚公祠旁的抗战题刻》

第二辑

船与海的特异文化，『足为海军根基』

❖ 王志毅：左宗棠肇始船政事业

19世纪50年代中期，清政府为镇压太平军，曾经购买和租雇过几艘小型的外国轮船。咸丰十年（1860）"廷议购置船舰炮位助剿粤寇，十一年（1861）总理各国事务衙门与总税务司会商购买"，即所谓"阿思本舰队"。这时左宗棠任浙江巡抚，他曾指出："将来经费有出，当图仿制轮船，庶为海疆长久之计。"其意已不在购买而在制造，不在"剿寇"而在海疆。1864年左宗棠驻杭州时，曾觅匠"仿造小火轮二艘，试之均能合用"。并与法国人日意格、德克碑往返商讨设厂造船事宜。同治五年（1866）正月，左宗棠由粤东回闽浙任总督。这时，清廷经威妥玛、赫德鼓说，又议购雇外国轮船，并寄谕各省督抚筹议。左宗棠详细分析了借用、雇赁、购买外国轮船的弊端后指出："就局势而言，借不如雇，雇不如买，买不如自造。"……于是，在左宗棠的创议下，扭转了购雇外国轮船的原议，终于得以建立我国近代的第一所造船厂——福建船政。微斯人，中国自己的造船工业又不知要延迟到何年何月。

在当时的条件下，左宗棠创办福建船政是必须借助于西欧国家的。但是他在引进西方先进技术的同时，十分注重自力更生发展本国的造船工业；自力更生建设本国的海上武装力量。一方面他采取订立合同等各种有效措施，使得"用洋人而不为洋人所用"。另一方面，他十分强调，用洋人的目的不仅仅在于仿造轮船，而更重要的是把外国的先进技术真正学到手。他指出："夫习造轮船，非为造轮船也，欲尽其制造、驾驶之术耳；非徒求一二人能制造、驾驶也，欲广其传，使中国才艺日进，制造、驾驶展〔辗〕转授受，传习无穷耳。""至自造轮机成船，较买现成轮船多费至数倍，即较之购现成轮机配造成船，亦费增过半。所以必欲自制轮机者，欲得其造

▷ 福州船政局

▷ "马尾造船厂"全景

轮机之法，为中国永远之利，并可兴别项之利，而纾目前之患耳。"因而"设学造未能尽洋技之奇，即能造轮船不能自作船主曲尽驾驶之法，则……于大局仍少裨益"。左宗棠识见之远大，规制之缜密，今人读之，犹觉切中膝理，实难能可贵。

《左宗棠是创议和实施设厂造船第一人》

❖ 黄启权：沈氏接班

　　1866年10月，福建船政正在紧张筹办之际，清廷旨调左宗棠任陕甘总督。此时丁忧在家的沈葆桢闻讯，出以公心，带头组织福州缙绅百余人联名呈请恳留缓行，并很快地得到了朝廷的批准。"心有灵犀一点通"。从这次被挽留中左宗棠进一步认识了沈葆桢，他在暂缓西行的同时，选准接班人，力荐沈葆桢主持船政。左宗棠在同福州将军英桂、福建巡抚徐宗干商量之后，一连三至沈府，也可以说是"三顾茅庐"。然而，沈葆桢却总是逊谢不遑。原因是他意识到，以本地绅士的身份担此重任，将是困难重重。一是无权无望，难以指挥群下；二是办事牵涉官方，难免出现扯皮、推诿；三是船政需耗巨资，经费筹措至难；四是亲朋故旧纠缠，人情难却；五是洋人专家初来乍到，怕难以共事；如此等等，不一而足。为了打消沈葆桢的顾虑，左宗棠又以实际行动，采取了一系列措施。他首先帮助沈葆桢处理好与洋员的关系，提出当沈接任之初，船政奏折仍由左、沈联名，这既给沈撑腰壮胆，又有利于统驭洋员。左宗棠还为沈物色好助手。他首先推荐"一切工料及延洋匠、雇华工、开艺局，责成胡光墉一手办理"。此外，左还把闽浙官绅中有裨益于船政的人员，尽量咨送给沈差遣，如周开锡、叶文澜、黄维煊、徐文渊等，使沈增强信心。这些人后来都成为船政骨干。

《沈葆桢与左宗棠》

❖ 王铁藩："反占地"斗争

首先在征购土地上就遇到困难。在建厂前，这里原为一块不及200亩的田地，农民们担心土地被购后生活无着，反对派利用群众心理，竟唆使马尾附近10多乡农民群起反对，所谓"反占地"斗争（其实，他们大多数人都与这片田地无关）。1866年8月19日，大伙农民把前来购地的差役包围起来闹事。沈葆桢闻讯，以支持办厂者的身份赶到现场，做说服工作，也受到侮辱。当时左宗棠尚未离开福州，调了炮船5艘，朝天开了数炮，才把为首的绅士吓怕了，购买田地的任务，才顺利完成。

除江滨这块作为建厂基址的平坦土地外，其他三向都是丘陵荒土，可以辟作宿舍等其他用途。洋商天裕行就认为是发财机会，抢先把部分山地租去，企图以高价再售给船厂。沈葆桢不受他们欺诈，只征购未被他们租用的余地。天裕行见一计不成，反亏了本，就由英国副领事馆出面写信给总署说：天裕行租用的山地原是他的，现在要建副领事馆，这块土地不够用，要求下令船厂，割让一部分土地给他凑用等等。真是无事生端，给建厂工作制造许多难题。

《沈葆桢冲破困难建船厂》

❖ 陈贞寿：海防大讨论

1871年底，正当第七号轮动工兴建时，以内阁学士宋晋为代表的顽固派，说闽省制船靡费太重，上疏皇帝要求停止造船，并把造成之船拨给股商，收其租价。同治皇帝把原案发给左宗棠、李鸿章、沈葆桢等人复议。这是一场关系到福建船政存亡的问题，斗争是十分剧烈的。宋晋认为第二次鸦片战争之后，已经订了和约。如果现在制造轮船，是为着抵抗外国人，则"早经议和，不必为此猜嫌之举"；认为我国制造的轮船，如果和外国打仗，不如外国，因而断言办船政"名为远谋，实同虚耗"。

这时，沈葆桢因父丧丁忧，托病在家，但他立即密疏皇帝，驳斥宋晋所提的第一点指责，说："果如所言，则道光年间已议和矣。"意即第一次鸦片战争早已议和了，为什么还会发生第二次鸦片战争呢？他说，如果听任帝国主义者要挟，要什么给什么，这是"抱薪救火"，不是办法；如果因帝国主义侵略，一时激于义愤与敌人孤注一掷，也不是计策。唯一可靠的办法还是加强国防，准备抵御外来侵略。如果这样做，又怕引起外国猜疑，破坏和议，那只好"尽撤藩篱，并水陆各营而去之而后可也"，一针见血地揭穿了顽固派的昏聩无知和妥协投降。

对于宋晋的第二点指责，沈葆桢先实事求是地承认："以数年草创伊始之船比诸百数十年孜孜汲汲精益求精之船，是诚不待较量"；但他立即反问："彼之擅是利者果安坐而得之也，抑亦苦心孤诣不胜靡费而得之耶？"他以读书做比喻，说读书读了几年，就说学生应当胜过老师，这是不实在的；若说学生就是不如老师，不如弃书不读，不是更加虚妄吗？他说，只有不甘心落后，勇猛精进的人才算为远谋，因循苟且才为虚耗。

特别是对把已造成之船，租给殷商，更斥其为无知，说此"不知兵船与商船迥别"。他说，商船船高舱大用以装客货，兵船是避弹压风用以作战；就是把兵船拨给商人，不收其租，商人也是不要的，因为成本高，无利可图。沈葆桢曾说："若虑兵船过多，费无从出，则间造商船，未尝不可，亦不患领者之无人。"有人认为这是沈葆桢支持把造成的轮船，"由商雇买"。其实他是同意"间造商船"，即乘制造兵船的间隙制造一些商船，而不是把已造成的兵船"由商雇买"。因为他接着说："但兵船为御侮之资，不容因惜费而过少耳。"他主要还是造兵船。沈葆桢还特别指出，"外人之垂涎船厂也非一日矣，我朝弃则彼夕取，始也以借用为言，无辞以却之也，继必于他处故启衅端，勒赔兵费，而以此为抵，枝节横生，有非意料所及者"。

这些驳论，确是痛快淋漓；既泼辣透辟，又深谋远虑，值得称道。最后，沈葆桢直截了当地提出：福建船政不特不能即时裁撤，即5年合同满后亦无可停，它应当与国家共长存。这表现了他对自己正确主张的坚强信心，对顽固派的昏庸无比蔑视。后来，在左宗棠、李鸿章等人支持下，福建船政得以保存，顽固派的阴谋又一次被挫败了。

《沈葆桢与福建船政》

❖ 林樱尧、陈公远：英人的暗中阻挠

左宗棠在国内没有工业基础和技术人才条件下开办近代造船工业，只有依赖洋人帮助。当时中国在对外交往中处于很不利的境地，左宗棠主张给洋人以优厚的报酬，聘用他们为中国服务。左宗棠对英国很反感，却对法国抱有一定的幻想。他在实行建厂计划中，坚决反对英国人插手，抵制他们的控制企图，而另一方面想通过日意格和德克碑，争取得到法国官方的支持。英国人赫德（海关总税务司）十分恼火，挑动他的下属福州税务司法国人美理登出面干扰。美理登遂散布流言，指责日意格想把法国卷入到中国一个有风险的计划中去，致使法国决策人士产生了"船厂的冒险失败会给法国带来麻烦"的担忧。他们不但不支持中国造船厂的计划，甚至要撤销日意格和德克碑的官方职务。

日意格据理力争，通过多种渠道阐明与中国进行合作有助于法国的利益。他首先争取到了海军界的理解和支持，进而直接上书法国皇帝拿破仑三世，还争取到了拿破仑三世的接见，当面说明了情况。通过一系列活动，法国政府改变了不支持中国办船厂的态度，同意日意格以官方身份参与福建船政工作，准予派遣技术人员及出口机器设备。当然，日意格的这些努

▷ 位于马尾马限山的英国驻福州副领事馆

▷ 英国驻福州领事馆住宅

力，是站在维护法国利益的立场上，但在客观上为新兴的中国造船工业争取到了必不可少的外部技术力量支持。

《日意格与福建船政》

❖ 林樱尧、陈公远：以半生助船政的日意格

身为船政总监督，日意格较忠实地履行了自己的职责，工作勤勉，沈葆桢在向上汇报中说他"常住工所，每日巳、午、未三刻辄到局中与员绅会商，其勤恳已可概见"。日意格也称自己"三年胼胝，两度沧溟"。在船政初创时期，日意格为采购机器设备及各种原材料，屡赴法国及东南亚，不辞劳苦。他亲自从法国招募第一批洋师匠来华工作。建厂事宜大体就绪后，便抓紧时机开工造船，并确定造船为船政中心任务。他统揽了头绪万端的大小事务，调度得法，仅一年多时间便造出了中国第一艘千吨级轮船"万年清"号。在设厂造船的同时，日意格也关注中国第一所海军学校——船政学堂的建设，从选配教员到制订教学方针，他也一样花费心机，全面落实"包造""包教"的合同条款。值得一提的是，日意格经手大量采购、募工、发包工程等经费，做到账目清楚，未发现挪用、巧取等事。

自1866年至1874年，日意格任船政正监督期间，督导数十名外国人较好地履行了与左宗棠订立的合约。这期间共造出兵、商轮船15艘，其中所造1560吨级的兵船"扬武"号，相当于国外二等巡洋舰水平。船政学堂及艺圃等也培育出了一批能设计监造驾驶轮船的技术人才、海军干部以及能管理工厂的领导人员，这种成绩，和同时期同样与法国合作创建的日本横须贺造船厂相比较，是明显地超过了。合同期满后，日意格又留在船政工作一段时间，主要办理了带领船政学生赴欧留学事宜，担任留学生洋监督。直至1886年初病逝，可以说他一生中的大部分时光都与船政事业结合

▷　日意格和他的女儿

▷　沈葆桢向清廷奏报时附呈的"万年清"舆图

在一起。日意格较尽力地为中国新兴的造船工业工作，最主要的原因当然在于他的图利目的，他为船政工作获得了极为丰厚的报酬，月薪高达1000两白银，并在五年合同完成后，可获得20万法郎的奖金。正如他给一位法国朋友的信中所说："我将带一大笔钱回法国。"但是，客观地说，日意格为中国第一家造船厂的创设及最初的顺利发展，花费了心血，施展了才干，立下了汗马功劳，这是值得肯定的。鉴于他的功绩，清政府于金钱酬劳外，也给了他诸如赏一品提督衔、花翎、穿黄马褂、一等男爵、一等宝星等荣誉。

《日意格与福建船政》

❖ **叶芳骐：**"海防根本，首在育人"的船政学堂

▷ 福州船政学堂开办不久后的一张学生合影

左宗棠办学目的是为国家自强，使"彼族无所挟以傲我，一切皆自将敛仰，自强之道，此其一端"。他认为学习西方先进科学技术是"不得不

师其长以制之"，在学堂筹办之初就确立了"兹局之设，所重在学造西洋机器以成轮船，俾中国相授受，为永远之利"的目标。他又进一步阐述："夫习造海轮，非为造轮船也，欲尽其制造驾驶之术耳，非徒求一二人能驾驶也，欲广其传使中国才艺日进，制造、驾驶辗转授受，传习无穷耳，故必开艺局，选少年颖悟子弟学习其语言、文字，通其书，通其算学，而后西法可衍于中国。"

不久，接任的沈葆桢则扼要反复强调教育的重要性，"海防根本首在育人"，"船政根本在于学堂"，学堂"创始之意，不重在造，而重在学"，具体指明"开设学堂，以便华人学习外国语言文字及造船驾驶法度及一切算法、绘事等"。这些论述说明了他们兴办船政学堂是要在自强、自主前提下，引进西方科学技术，以培养经世济国的应用型高、中级科技人才，为他们的政治目的服务。

《船政学堂的特色与功绩》

❖ 叶芳骐：学堂三楹联

沈葆桢曾亲自撰写三对楹联悬挂于校园，营造了勤学向上的气氛。头门是"且漫道见所未见，闻所未闻，即此是格致关头，认真下手处；何以能精益求精，密益求密，定须从鬼神屋漏，仔细扪心来"。这就是教育学生要认真缜密地探察物体从而获得知识的精髓，要靠实践去发现事物的真相。大堂是"见小利则不成，夫苟且自便之私，乃臻神妙；取诸人以为善，休宵旰勤求之意，敢惮艰难"。仪门是"以一簣为始基，从古天下无难事；致九译之新法，于今中国有圣人"。以之激励学生要有勤奋进取精神，打好基础，博采众长，探索科学奥秘。

《船政学堂的特色与功绩》

❖ 张宝骐：船政课程

左、沈创办船政之始，即重视培育人才。左宗棠在同治五年十一月初五日（1866年12月11日）的奏章中说："一面开设学堂，延致熟习中外语言文字洋师，教习英、法两国语言文字、算法、画法，名曰求是堂艺局，挑选本地资性聪颖，精通文字子弟入局肄习。"12月23日，船政破土动工，求是堂艺局亦同时开局招生。局址于城内暂设两处（白塔寺与仙塔街），城外分设一处（亚伯尔顺洋房）。1867年2月，"艺局"借定光寺（白塔寺）开学上课。6月，迁往马尾新建校舍。……

"艺局"迁马尾后改称船政学堂。19世纪初，世界造船首推法国，马尾船政一切机械设备和技术人员都来自法国，故学造船者习法文。相继设驾驶班，习英文，以英国擅长航海技术。因设班前后而分，乃分造船班为前学堂，驾驶班为后学堂。1868年后学堂加设轮机班，学管轮。

造船专业的课程有法文、几何、代数、平弧三角、化学、重学、微积分、材料力学、水力学、制舰、制机、测绘等。

驾驶专业的课程有英文、天文、地理、几何、代数、平弧三角、重学、微积分、驾驶、御风、测学、演放鱼雷等。

轮机专业的课程有英文、算术、几何、三角、代数、重学、物理、汽理、行船汽机、机器画法、机器实习、修造鱼雷等。

1867年，船厂各项设施陆续兴造。当年12月成立绘事院（画院），为制图与培训制图生的机构，在工人中选择聪颖少年，由法人教习绘图。

船厂初期各类工匠虽多，但没有受过专门训练，与洋员言语不通，乃决定招收15岁至18岁、有膂力、悟性好的青少年，在1868年2月17日设立艺圃，由洋员教习算术、代数、几何、制图及机器结构等，兼学法文，半

▷ 福州船政学堂旧照

▷ 后学堂旧照

天学习，半天入厂学手艺。

前后学堂的学习年限略有不同，初期定五年，皆延长到一百个月，故有"八年四"之称，为学堂外号。艺圃则为五年。

前学堂培养高级造船设计人才，后学堂培养航海、管轮技术人才，艺圃培养中级技工，绘事院则以辅助工艺生产的技术人员。这是当年船政学堂的配套计划，完备的培养人才的安排。又以引进设备和技术，分取英、法之长而学。

船政学堂虽习外文，仍重视传统教育，学习中文。教学、管理都十分严格，淘汰率很高。学生初曰子弟，后曰艺童，又曰练生，最后才定名为学生。称学堂，不称学校。称监督，不称校长。初期以西人为监督，后期改由出洋回国者任监督。

《船政教育　薪传不绝——船政学堂及其系列学校》

❖ **叶芳骐：**亲试风涛，实践训练

学堂重视书本知识与实践训练的结合。他们认为"出自学堂者，则未敢信其能否成材，必亲试之风涛，乃足以观其胆识，否则实心讲究，譬之谈兵纸上，临阵不免张皇"。所以根据不同专业，不同层次订出实习方案，在课堂教学告一段落后，如实付诸实施。给予足够的时间、经费，配齐指导实习教师，以保证实习任务的完成。

学堂先后购置"建成""扬武"海轮两艘，"平远"桅船一艘，专供驾驶班学生航海实习之用。第一届驾驶班学生在海上实习时间达四个月，派航海实习教师德勒塞率学生出海，"教其驾驶，由海口而近洋，由近洋而远洋，凡水火之分度、礁沙之险夷、风信之征验、桅柁之将迎，皆令即所习闻者，印之实境，熟极巧生"。实习航程南去香港、新加坡、槟榔屿，北至直隶湾、辽东湾各口。"去时教习躬督驾驶，各练童逐段誊注日记，量习日

度、星度，按图体认，期于精熟。归时则各童自行轮班驾驶，教习将其日记仔细勘对，至于台飓大作，巨浪如山，颠簸震撼之交，默察其手足之便利如何，神色之镇日如何，以分其优劣"。

▷ 扬武号

　　造船班实习课有两门：船体建造由总木匠乐平指导；蒸汽机制造由总监工舒斐指导。他们在车间就实物讲授发动机与机床传动装置、蒸汽机锅炉和动力装置，示范各种公式的用途，使学生能实地计算分析本厂生产的船用蒸汽机和各车间的蒸汽机动力的各种不同因素，并动手将各部件组装成蒸汽机，学会实际操作和维修，指导教师"俟其自造模成，察看吻合与否，稍有丝毫未协，再为详说窾窍，令其改造。试之又试，至再至三，务期尽其技能而止"。通过上述操作训练，便于学生熟悉机器制造和车间工作，为当好监工做准备。造船班学生曾自绘造船设计图，并动手监造"艺新"轮船。

　　在绘事院、艺圃的学生，学堂规定要半工半读。学堂也注意从有实践经验的工人中吸收艺徒，凡工作三年后，大考一次，并令试制匠人手艺四件，择其优者，派入艺圃肄业三年，教以稍深艺学，并解说制造轮机、打炼钢铁法度，要求学生绘制蒸汽机部件加工图，能说明蒸汽机的设计图，以为升补匠首之用。

《船政学堂的特色与功绩》

❖ 叶芳骐：层层遴选，淘汰率高

新生入学要过三关：一面试；二笔试，考写策论一篇，前后试题有"大孝终身慕父母论""见贤思齐焉"等；三是以测视力为主的体格检查。录取考分为甲、乙两等，甲等入艺局，乙等入绘事院，艺圃学生则多从工徒中挑选有颖悟且膂力壮健者入学。当时，家境富裕的子弟多热衷于科举取士，不屑科技工艺，且因学堂给学生的待遇优厚，出路又有保证，故家境贫寒子弟报考的很多。

学堂管理严格，"各生徒在学，或性惰懒不肯勤学，或资质鲁钝于学难期心得者，均随时剔退"。学生的淘汰率很高，1886年入学的造船、驾驶两班学生原有105名，到毕业时仅剩53名。学生每天都抽出一些时间朗读历代经典，加以当时列国资本主义势力入侵、故园疮痍满目的历史背景和学生家境清贫等因素的影响下，所以大多数学生勤奋好学，爱国忠君意识也相当浓厚。

《船政学堂的特色与功绩》

❖ 萨镇冰：我在海军学校求知的经历

（我）那时还只有十一岁，比各位进校时的年龄还小三岁。设在马尾的，还有一个船政前学堂，专门训练海军制造人才；而后学堂是训练驾驶人才的；教官都是由政府聘请英国海军军官担任。那时的马尾，还只是一片荒地，只有几家渔人的茅房草舍而已；可是政府已采纳了李鸿章、左宗棠、沈葆桢诸海军先进的意见，拨了大批库银，从事造船育才；同时聘请百余名法国造船工程师和技工来闽，预备把马尾建为军港。于是填洼地、设炮台、购机器、造船坞、设船厂、育人才；不到三年，马尾已非昔日的渔村了，而具有军港的雏形。我不久也修完校课而上船实习。学校的功课很简单，没有现在那样高深和完备，普通学科为算术、代数、几何、三角，专门学识如航用天文、航海等也都有学。上船后仍由教官负责教授，带领到南海及舟山洋面航行，间或巡航南洋群岛及日本海一带。在校时，我们已先学会使用六分仪来观测太阳及星的方位，以确定船的经纬度。上船后便将在校所学习的应用于实际上。我觉得这是求知过程中很重要的一个时期，因为初由理论进到实践的阶段，凡事皆感到陌生和新奇。所以我始终抱着怀疑和探索的态度去学习，我深知如稍一不慎，将理论知识运用得不熟练，便会致全船的生命于死地的。可是舰长和教官都因我年纪太小，所以不肯把重要的和辛苦的工作交给我做，怕我的体力和智力不能胜任。表面上我接受了他们的好意，可是实际上我的求知欲并不因此而稍减；相反的，仍不时跑上甲板，和士兵们一起工作，譬如检验枪炮啦、油漆啦；结绳啦，有时一起划小舢板，有时又一起解缆。每当下雨时，我必立在甲板上，帮助他们工作。一方面因为与他们共甘苦，可以得到他们的信仰，日后作战时才能做到"上下一致"的地步；另一方面呢，是增长自己的技能，并从而了解海上的生活环境。我觉得这是很重要的。同时，更希望各位将来也能这样，这便是"亲爱精诚"的涵意。我们在海上生活的人，应该把舰队当做自己的家庭，士兵看做兄弟一般。这样，在作战时，才不致吃大亏。

《我在海军界求知和服务的经过》

❖ 叶芳骐：船政学堂的学生特色

▷ 福州船政学堂毕业前的学员合影，其中多为留欧船政学生，摄于 1871 年

学生在出海实习前夕，给英国教师嘉乐尔写信告别，信中爱国豪情洋溢："生等愿尽所能为国效劳……我们和你分别，虽觉难过，但我们为政府服务之心甚切，我们的爱国心将不减少。"他们之中有的被选拔赴英、法等国深造，也"深知自强之计，舍此无可他求，怀奋发有为，期于穷求洋人秘奥，冀备国家将来驱策"。1871年"学生以洋教习逊顺非礼虐待，为之哄堂（罢课）"，在学生强烈抗议下，学堂撤去逊顺的职务，才解决了近代最早的一次学潮。

新生入学后，就要在课堂聆听外国教师讲授西方科学知识，这是有不少困难的，尤其是西方语言这一关。但他们都能顽强苦学，闯过难关。严复在50年之后仍记得当年早晚攻读外语的情景："借城南定光寺为学舍，同学仅百人，学旁行书算其中，晨夜伊毗之声，与梵呗相答"。教师嘉乐尔称赞这些学生，说"他们勤勉与专心工作，也许超过英国的学生，因为他们不管他在场不在场，都坚持地工作，未曾给他麻烦"。一位参观过该学堂的法国工程师赞叹："他们把敏捷的思维，坚韧不拔的精神，永远渴望成功的思想，都用到学习上，这体现了中国人的特点。"总管日意格也高度评价这批学生，说"他们靠着观察各种计时器及各种计算法，能够把一只轮船驶到地球上任何角落"。1887年驾驶班举行一次考试，"以四科成绩为例，最高为392分（总分400分），还有七个学生超过300分。三角、几何成绩最好，有七个得了满分，只有三个学生在80分以下"。学堂先后遴选66名品学兼优的学生出国留学深造。"他们的知识，特别是数学方面表现出的才能，使与他们一起学习的外国士官生非常吃惊。"

但学生的体质较差，也不活泼，在第一届105名学生中，就有6人在学习期间病逝，有3人不适应海上颠簸的生活。在外国教师看来，"他们是虚弱孱子的角色……在某种程度上有些巾帼气味。这自然是由抚育的方式所造成的"，他们在课余"只是各处走走发呆，或是做他们的功课，从来不运动，而且不懂得娱乐"。这是不足之处。

《船政学堂的特色与功绩》

❖ **陈贞寿：马江战败，功亏一篑**

马江原是地势险要，夹岸皆山；从闽江口到马尾又是层峦叠嶂，暗礁跑沙；口外有许多岛屿，星罗棋布，像五虎、芭蕉、黄岐、熨斗等都是天然的屏蔽。百里之内都设有炮台，层层控制，形势极为险要。马尾造船厂

▷ 当时法国画报刊载的所谓"法舰队大破清国海军图"

▷ 法国国家图书馆的马江海战铜版画《法军登陆罗星塔》

距罗星塔约三里，中隔一小山。一旦发生战事，大炮不能直射厂屋，小炮又不足以摧毁厂房。在江口只要布置几个水雷，便能阻住入侵的舰艇。当初选择这个港口建厂的八个原因之一，就是因为这个港口军事上容易设防，易守难攻。马江之役失败的主要原因，是当时清政府一心求和，放松战备，一再下令"不可先发开衅"，"倘有法军前来按兵不动，我亦静以待之"，遂使敌舰长驱直入"，不但未受阻击，还受到会办福建海防大臣的张佩纶等人卑躬屈膝地欢迎。当时敌我双方兵舰在马江对峙达40天之久。按国际法，兵舰入口不得逾两艘，停泊不得逾两星期，违者即行开仗。

福建海军官兵面对前敌，纷纷请战，要求先发制人。但闽浙总督何璟、督办船政大臣何如璋却严谕水师"不准先行开炮，违者虽胜亦斩"。张佩纶亦下令各舰艇"不准无命自行起锚"，使福建海军失去战机，处于被动挨打的局势。8月23日午后，法舰开始突然袭击，何璟、何如璋、张佩纶等人先行逃避；负责指挥调度各舰艇的闽安副将"扬武"舰管带张成，突受袭击，船猝沉没，溺水江中，使福建海军各舰艇连起锚都来不及。海军官兵仓促自卫应战，仍斗志昂扬。如沈葆桢所培养的船政后学堂第三届毕业生、"福星"号舰长陈英，第一届毕业生、"艺新"舰长许寿山，第二届毕业生、"福胜"舰长叶琛等，在提督衙门没有挂起升火起锚的旗令情况下，都下令砍断锚链，仓皇应战。

"福星"号转过船头，开足马力冲入敌舰群，左右舷同时发炮，击中法军旗舰"伏尔他"号舰桥，最后因自己火药舱中弹爆炸，陈英等95名海军官兵壮烈牺牲。许寿山、叶琛等在激战中身负重伤，仍然指挥战斗，最后也壮烈地与船同亡。"振威"号在首尾着火、即将下沉的最后一刻，还向法舰射击，重伤法舰长和两名士兵。在敌舰队企图遁走时，素有"双龟守户，五虎把门"的闽江口咽喉、长门要塞，由于守将穆图善又放弃了堵口的机会，才任敌舰队扬长逃脱。从有关资料看来，在这一战役中，法舰队司令孤拔及其上尉副官赖威尔和信号兵也被击毙，后埋在澎湖马公岛。按国际惯例，主帅战死，即为失败。当时，为了挟胁清政府屈服，法国侵略者却故意秘而不宣，仍以孤拔名义活动，藉图掩盖真相。清政府昏庸无知，以胜为败，真是腐朽之极。

《沈葆桢与福建船政》

❖ 萨镇冰：我所知道的马江海战

▷ 海军大臣载洵曾到马尾视察，右三是萨镇冰

　　我曾亲身参加过中法战役①，战场是在马江。那时我们海军的中下级军官和水兵都很勇敢，可是上级军官都是昏庸愚昧，昧于世界潮流，不明海战技术，所以死伤很多。各位，在马尾时，不是每年七月都有到昭忠祠去参加祭祀的吗？他们便是在那次战役成仁的。各位不是还凭吊过马尾炮台的遗迹吗？那是被法国海军强迫拆去的；法国的舰队司令孤拔大将也在此役被我军一炮轰死。这是中国海军的光荣，也是海军的耻辱。耻辱是自己

―――――――――――

① 　1884年（甲申）中法马江战役时，萨镇冰在天津水师学堂任教习。萨身在天津，不在福州，没有参加马江战役。此记录文中所云："亲身参加过中法战役"，系记录者听记，有误。

没有在自己领土上修筑炮台的权利；我们的炮台被他们的铁甲舰运出了长门，运到巴黎，陈列在他们的博物馆里，作为战利品。光荣的是，我们的海军中下级干部和士兵，都是同仇敌忾，没有一个偷生怕死；在名义上虽是战败了，但是我们的英勇抵抗，至少使外人对中国的海军有一个新的估计，不敢再肆无忌惮的横行于我们的领海了。

《我在海军界求知和服务的经过》

❖ **文德：左宗棠辛劳辞世**

光绪十年七月初三（1884年8月23日）爆发中法马江海战，福建水师大败，清廷派杨昌濬来闽担任闽浙总督，十月（11月）派左宗棠为钦差大臣督办福建军务。左宗棠于1884年12月14日抵福州。他重到马尾、罗星塔及闽江口，筹办海防，调查战败情况，开拓船厂，开办福州穆源铁矿，自炼钢铁，兴工铸炮。

大年除夕正是家家户户团圆过节的好日子，忽然传来一阵谣言：法国侵略军将再次开进闽江口。福州告急，人心惶惶。这位久经沙场的老将顾不得过年，连夜赶往闽江口准备迎头痛击法军。法国人迟迟没有进来。左宗棠并不罢休，在福州组织"恪靖援台军"，下定决心要"渡海杀贼"，加紧准备前往台湾，保卫宝岛。不料，由于连年征战，长期辛劳，年过古稀的老人竟卧床不起。1885年7月27日清晨，皇华馆传出了号啕声，钦差大臣死了。消息震动紫禁城，清廷赐谥文襄。

《杨昌濬歌颂左宗棠》

❖ 姜铎：财政困难，船政停办

1900年前后，闽督曾责成船政兼造枪炮弹药，结果成品的成本费用比购自外国贵两三倍，质量又不合用，每年反增加开支20余万两，只得停造了事。1904年，闽督崇善想利用船政机器设备开辟财源，以船政为抵押，向英商汇丰银行借银30万两，开办铜圆局，结果只办了几个月便亏折停歇，拖欠汇丰债银23万余两，反而要船政归还。

1907年前夕，船政经常费只剩下每月2万两，有时还要拖欠，局内机构人员也一再裁并，熟练工匠纷纷散去，技术人员则另谋出路，已到了快要停工关门的境地。法日两帝国主义看到有机可乘，都想把船政攫为己有。法国扬言拟组织新公司，同中国合办。日本新占我台湾，逼近闽江，插手船政的兴趣更浓，扬言由该国川崎造船公司，向清政府申请包办或合办。传说纷纭，甚嚣尘上，国人群起反对，闽省父老反对尤烈，清政府也不敢轻易决定。1907年，由陆军部奏准清廷，令闽督崇善将船政洋员遣散，暂行停办，并派员对船坞机器妥为看守保存，以备应用云云。偌大的一个福建船政，从此便废弃不用。从1866年创办至1907年停办的42年内，共造成大小船只40艘，平均每年近1艘，而支出的国家经费共达现银1921万余两。

《福建船政与江南制造局》

❖ 姜铎：抗日前夕，山穷水尽

1897年，福州将军兼理船政事务大臣裕禄，根据清廷整顿船政的决定，重新聘请法人杜业尔为正监督，一如前监督日意格时章程，总管船政艺学工程并所属各厂事宜，同时配备法人监工两名，绘图师一名，书记一名，算学教习一名，匠首若干人。当时船政培养出来的本国技术人员，已有能力主持工程技术工作，而崇洋媚外的清政府当局，竟放着本国工程技术人才不用，又去高价聘用法国人，显然是一个错误措施。

从杜业尔1898年进船政至1903年退出的5年多时间，曾经添置了一部分必需的机器设备，造成了"建威"、"建安"两艘排水量850吨、马力1500匹的新式鱼雷快舰，以及两艘小艇。但经费越来越少，海关经常拨款根本无保证，各省协款又被中途截留，因而连员工薪资也发不出，并积欠杜业尔向法国代购机器物料款银70万两左右，加上欠杜业尔的薪水垫支共达银100万两左右。杜业尔初则怂恿法国政府，要挟清廷把船局租与法国使用三年，抵偿债务；继而借口抵偿，私自同法国一公司订立制造三艘轮船的合同，制造种种纠纷，影响船政正常业务的开展。清政府只得以合同期满为理由，勉强辞退了杜业尔……

▷ 建威舰在马尾福州船政的船台上准备下水

1927年国民党政府上台，船政改称海军马尾造船所，下面虽然分设有

13个厂，但规模日益缩小，机器设备也日益残缺不全，仅在1935年由海军部拨款完成了第二号船坞修建工程，船坞设备有所改善。主要业务是承接外单位小型船舶的修造。如1928年承造福州浚河局挖泥船一艘，1929年又承造该局码头船三艘；1934年承造福建水上警察局"江仪""江风"两艘警艇；1934年还为福州港头造纸厂仿造全套造纸机器；较多的业务是修理过往于闽江、琯头的小轮。当时的造船所，就靠承接这些零星业务在勉强维持，而政府拨款，则一减再减，1933年已从每月14000元减到8000元。在工程减少、经费困难的情况下，所方只得大量裁减工人，并实行轮班工作制。据1932年11月《福州工人》载称："大规模的造船厂，容纳工人千余名，前因国民党财政恐慌，实行紧缩政策，大批的地减工人，由一千二百减至三百人。"另据1932年9月3日《福建民国晚报晚刊》报道："海军部马尾造船所因工程减少，经费不给，于九月份起行每周五日工作制。实行这一制度后，原来工资收入微薄的造船工人，每月所得工资进一步减少，生活更加困难。"曾经在船政任职5年的林梵萱当时回闽再度参观船政时，见到的是一片衰败景象："三五匠徒，蓬首垢面，菜色凄凉，或向阳以曝背，或扪虱而清淡。闻已数月，不发新工资。"他感慨万分地指出："船政局的衰象固知，不料至于此极！"可见船政在抗日战争爆发前几年，已到了山穷水尽，面临又一次停工关门的苦境。

《福建船政与江南制造局》

❖ **高孔荣：** 硕果仅存的海军学校

民国以后，船政学堂自1913年起归海军部管辖并改称为海军学校。学校的招生工作，除继承原来优良传统外，还有进一步的发展。

1918年，北京政府制定并公布《海军学生考选章程》。这是海校招生工作走上正规化的第一个章程。该章程规定，海校学生由各省行政长官依章程所定考格挑选生童，按期送沪报考。其考格为：

（甲）身家清白，不入外国籍者；

（乙）年龄已满十四岁至十六岁，尚未完娶者；

（丙）身体健壮，无暗疾，目不近视，能辨颜色者；

（丁）国文通顺，能作浅近论说者；

（戊）曾习英文读本第一、二集者；

（己）曾习算学、比例、代数加减乘除者。

▷ 海军学校旧影

除各省保送外，海军中级以上之官佐，得准以合格之子弟呈部保送考选，但每员只以保送两次为限。

该章程同时规定，由海军总长临时指派一名上级海军军官为会长，以学校总教官一人，海军部秘书一人，军医官两人及其他委员若干人为会员，组成考选委员会。所有与选学生，除符合考格者外，尚应再加面试，以口齿爽利，精神灵敏者为合格。

《马尾海军学校的招生工作》

❖ 张宝骐：严格的教学与测试

考试频繁，每星期有平常考，月有月考，季有季考，期有期考，年有年考。月考与季考比较平常，由总教官领导布置，本科教官负责主考，没有发榜公布。年、期考（即寒、暑假前考试）则相当严肃。由海军部军学司直接主持，派有监考大员（职务官阶是习长、舰长或司令），并随带一大批监考人员（大副或轮机长，官阶校官）。试题由总教官从科教官的一二十题中圈定若干题，经校长批准，在严密防范下，打印若干份，密封火印，届时由监考官当场拆封，本科教官抄示黑板。考卷一律密封，考时由监考官唱名领卷入场，缴卷时拆去浮签名字。每天上下午只有一两个班在考，时间三小时。近60平方米的教室，考生不出30人，而监考人员有10人左右，一片静寂，只闻革履与军刀扣带声，因全是军装礼服，炎天也不例外。考场制度订得很多，违者，轻则本科零分，重则立即开除出场。初、中级没有经过毕业考阶段。到专科高级阶段，是整套设计，时间较长，虽不在考场，仍有期考分段，一直到结束毕业，安排有三个月。每个学生设计项目不同，设计书一大沓，图纸100多张，主要项目是船体设计、发电厂设计（包括厂房设计）。外课和体操考试是：一篇国文，一场检阅。

内课、外课、中文三门并重，每学期考试均分三榜揭评。内课总平均在80分以上，分80分、85分、90分、95分四等，初级奖金由5元起，每级递增5元，中级、高级奖金分别由10元、15元起，每级递增5元。外课（体操）与中文分甲、乙、丙三等，奖金也是由5元起递增，各级一样。成绩优良的学生，三榜或二榜获得奖金，成绩不好的学生，则可能在体操榜上获得奖金。

内课一门不及格都要退学，但是每门各科（不是单科）平均60分者为及格，所以有些学生某科一直不及格也可以毕业。没有降班与留级，因为无班可降，也无级可留。

《船政教育　薪传不绝——船政学堂及其系列学校》

❖ 张宝骐：海军学校的生活与管理

生活方面，书籍文具全部由校方供给，多是法国产品；每年夏天白帆布制服两套、白帆布鞋一双，冬天呢制服一套、黑皮鞋一双，配有白军帽军徽扣等，每两年呢大衣一件，另发入厂工作服两套；膳食全部由校供应（每月大洋七元），三餐硬饭，菜四盘四碗、三荤一素；理发、洗澡由校供备，每月另发津贴，初级三元，中级六元，高级十元；生病有中西医诊室，西医有护士，中医药由工友煎熬，重病派人护送回家治疗。此外对家庭生活困难者，每周有课差来往联系给以帮助。煤炭由海军煤站无偿拨给，汤水全日供应。

管理方面很严，不但餐厅、宿舍，甚至对接客、理发、洗澡等都有规章制约。如餐厅每桌八人，进出都要集队鱼贯，由学监主持；宿舍清洁卫生，每星期日早晨组织大检查一次；宿舍每五间（20人）配工友一人负责洗扫；来客不能随便接见，要经学监批准，并限定时间；理发要光头；步出宿舍要军服整齐，遇见师长都要立正敬礼；等等。开始没有寒暑假，以后有寒暑假各一个月。平常不能回家。星期日休息，外出只能在能听到军号集合的范围内活动。每午中有一两次临时召集，吹军号三遍后十分钟点名，缺席记过，迟到一小时者革退。但事前经学监批准者不在此限。平常有事出校都要申请，经学监许可给条才可出校，门禁收条，回时缴销。学生不得看报纸和杂志，进步刊物如新民学报等更加被严禁。

《船政教育　薪传不绝——船政学堂及其系列学校》

❖ 翁亨樵：海军艺术学校的学习生活

　　母校校址处中岐与马限山之间，在造船所对面。母校左边是海军"练营"，右边是海军学校，再右边是海军要港司令部（1935年初作为母校校址，乙班学生在这里毕业）。母校校门前是条从马限山"望楼"石阶下通中岐的水泥马路。靠造船所一边还有一条与马路平行的窄小人行道，栽着一排梧桐树，夏季枝叶茂密；人行道与马路之间有排水沟。造船所的围墙基是石砌的，围墙石灰刷得雪白，上有"POST NO BILLS"和汉字竖写"不准招贴"的小黑字，从校门口传达室至校本部是一条约50米长、两旁修剪整齐的冬青树甬道。校名从右到左横写在校本部围墙上边。校本部不设门，只有一扇大屏风。屏风后左边是膳厅，两边走廊通办公室，室前是方形天井，四季排着盆花。办公室两旁是东、西学生宿舍、小运动场、洗脸间和厕所。几间教室集中在东舍，西舍有门通海军学校的大运动场。母校校舍建筑都是平房，然而校容校貌整洁美观，在宁静的环境中，激起莘莘学子的勤奋学习热情。

　　……

　　母校校规严格。在校期间，一周七天，学生全部住校食宿、晚自修。星期日不上课，可以出校门，但必须回校吃午、晚饭。家在附近的同学，经向学监请假获准后，可以不回校吃午饭。在校四季穿校服——米黄色斜纹布上装和短裤，穿长筒黑袜和黑运动鞋、理光头、戴大盖帽。星期天出校门要穿擦亮的黑皮鞋。乙班毕业班时始设童子军课，穿童子军服。学监汪继泗师统一管理学生，他培养学生严格遵守作息时间。早晨起床洗刷后早操，雨天改为自修。早操一般都是跑步，经常跑出校外。汪老师就穿着黑色或白色、袖口有两条金带的海军服，并戴军帽（何东荪师于1935年到校后也穿过），带着全校学生跑到朏头、下硻、天后宫、昭忠祠或马限炮台等地。有一次我因体弱跑到下礁八卦潭时昏倒，汪老师向村民要碗米汤灌下后我才苏醒，他叫高班同学轮流把我背回校，然后通知家长领回诊治。

早操后吃早饭，有好几次因粥少些，我们就故意多吃半碗或一碗（同学名之曰"扛粥"），坐在椅子上等着，厨房再煮时，我们坐着等就可少上半节或一节课，午晚吃干饭，四菜两汤，每月伙食费5.5元，每天吃好三顿饭，严禁零食，星期天回校时若带纸包，则须自动打开给传达室工友检查。下午课外时间，同学在小操场上自由活动。高班同学打篮球。我因体弱，选跳远、跳高或以瓦片当足球踢，以增强体质。初三下（学期）时，曾由童子军教官约请福州三一中学足球队来马尾与我班比赛。晚在寝室自修，八人分两排，在每人床前，各有抽屉的课桌，做作业或默读课文，要互相研究时也是轻声细语，可说是"静静的自修室"。自修结束后，我们站在课桌前等待学监点名，然后洗脚就寝。炎夏天气闷热，有同学在寝室门口乘凉，一听到学监脚步声，纷纷回到床上。有一次陈宜通来不及回房，装着上小便所，汪老师跟上，陈年小机灵，知道逃不过去，把手高高平举，汪老师却没打他手心。再一次，在月考后的星期六晚熄灯前，我和几位同学作手握铜板猜总数玩，突然学监出现在面前，说："这是赌钱，不是游戏！"第二天我向汪老师请假不回校吃午饭，他却同意了。汪老师爱护并宽容知错会改的学生。春假和端午节校方规定放假，但每年都是春雨或梅雨绵绵，闽江水涨，当时从马尾到福州只有小火轮通航。为保证安全，遇大雨就不放假照常上课。我们便"搞迷信"，剪纸"和尚和扶梯"用饭粒贴在偏僻处，祈求晴天。

《在海军艺术学校的日子里》

❖ 冯学垒：马江私立勤工职业学校

1913年，艺辅改名为海军艺术学校，属船政局管理。该校一直为海军学校、海军制造学校、海军飞潜学校的预备班。海军子弟可以优先录取。

1935年艺校停办，正式创办马江私立勤工工业职业学校，校舍设在马尾海军要塞司令部旧址。

　　勤工学校刚办两年，全面抗战就爆发了。该校适居马江军事要害部位，前有海军造船所，后有海军要港司令部，正是敌人攻击之目标，面临极大的威胁。为了坚持抗战时期的职业教育，学校决定立即疏散。1937年9月3日，学校迁移到离马尾20公里的福州市郊鼓山廨院，照常开办原先的三门学科，即机械电机、船工驾驶、图算三种。在廨院设置了钳床工场、木工场、翻砂工场，供机械电机科学生实习。其余各科学生，仍编队轮流往马尾海军造船所实习。1938年5月厦门沦陷，华南形势日趋紧张。福马公路毁断，交通困难。经多方筹措，为保全学校，迁往山区尤溪县。6月8日，全校师生员工齐动手，运载机械仪器及教学重要设备，由福州启行，二度迁校。4天后即6月12日，敌机果临马尾上空，向原校舍投掷炸弹，物理、化学及生物实验室三所均遭毁坏。尽管已经把仪器、标本等搬运出去了，但损失依然严重，加上两度举迁，该校的损失确是较全省各校为重。

　　国难当头，师生们不丧元气，斗志高昂，上下一心，节俭俸给，对教育不敢稍遗余力。他们施行军事训练、军事管理。在国危家困之秋，他们高唱校歌：

　　泱泱闽江，浩浩闽海，江海之滨，诞生吾校。吾校之设，各勤其工，手脑并用，技艺斯通。勿谓国危，勿谓家困，业精用宏，国家所望。

　　在抗日救亡的革命洪流中，学校组织学生，成立"勤工救亡剧团"，在朱心庄、任守群两位老师指导下，排练演出节目。在廨院一年中，除了在校舍临时搭棚举行抗战宣传两次公演外，还到福马线附近各村演出，表演街头剧和化装游行。迁校尤溪后，活动更趋活跃，经常深入偏僻山村，如九都、秀溪一带表演，为唤起民众抗战救亡意识，发挥了积极作用，演出《金门除夕》《中国妇人》两剧，尤为成功。

《国难之中职业教育——记福州马江私立勤工职业学校》

❖ 陈念祖：全校师生，迁往鼓山

▷ 涌泉寺

1937年7月7日卢沟桥事变爆发，全国燃起抗日烽火。敌机越过台湾海峡侵入福州上空，向东郊王庄机场连连投弹，敌机往返都飞掠马尾上空。马尾是我国军港要地，设有司令部，海军学校，水兵练营，海军陆战队的讲武堂和火药库、仓库等；在江面上泊有军舰，设施集中，目标非常明显。为了避免受敌机轰炸，故海校首先奉令撤离马尾，迁到离马尾约10公里路程的鼓山。这时学校有五个班，是轮四班（最高班级）、航七班、航八班、航九班、轮五班，师生共200余人。迁校当日由训育主任、队长和兵操教官等率高年级三个班肩荷长枪，携带轻便背包先行。背包是学校特制的草绿色背囊，内装一条行军被。航九班、轮五班是新生，徒手整队随后，浩浩荡荡向鼓山进军，气氛极度严肃，俨若开赴前线。沿途演练了战斗的各种队形，如：散开、卧倒、遇空袭隐蔽、射击等动作，在不断的演练中，大家既感到新奇，又有些紧张。学生的行李和学校物件都由学校雇工代运。笨重物品及学生的箱笼杂物仍寄存马尾校内。

上山后，轮四、航七、航八三个班在"遂楼"（在涌泉寺左侧，迴龙阁右前方花园附近，现已拆除）。楼上为宿舍，走廊为食堂，楼下两侧是队长和部分教官的宿舍，中间为航九、轮五两班饭厅，后面为伙房。教室则设在迴龙阁。二楼为航七、航八班，三楼为轮四班，底层为礼堂。迴龙阁每层都有小室，作为校长、训育主任和部分教官的宿舍。航九、轮五两班的新生均住在寺内的"且过堂"（现改为服务部）。教室设在寺内的"法堂"。还有一部分教官则借宿僧房。总之，生活和学习都很分散，因此管理极为困难，学生们倒觉得很轻松。在山上学生一律打地铺，早晨起床后卷好铺盖。星期天的检阅虽照常进行，但要求则降低了。为了避免空袭，雪白的夏季军装改换浅草绿色，来不及做时则把原有的白军服加染。当听到敌机声时，学习一律停止，值星队长发令号兵吹备战号。全部人员立即隐蔽起来，值勤学生荷枪实弹奔赴各自的岗位，劝游人隐蔽于密林之下，实行空袭戒严。敌机远去听不到机声时，吹解除警报号，收岗复课，恢复正常学习。在空袭频繁时，一周有好几次，打乱了教学秩序。

《回忆在马尾海军学校的亲历和见闻》

❖ 周文藻：抗战后期的勤工学校

到高滩后，看到宿舍、教室、礼堂、膳厅等，都是在什么祠、庙、堂等处，简陋得很。大家对前途起了怀疑：在这样的环境里，能培育出航海人才吗？上课后，我们渐渐地感到，师资优良，训导有方，功课的压力也随着增加。航海专业有李寿镛老师与杜秉钦老师。市上买不到中文版的航海专业书本，如驾驶、罗经、船艺、造船原理、轮机大意、无线电、信号等等，李老师决定采用英国原版课本。而我们的英文程度实在配合不上，所以英文课以外的英文比正课还要多，大家只好勉为其难，进行苦修。晚上点灯在讲堂中自修。讲堂名副其实，因为是在一个祠的正堂上，用屏风分为两讲堂，一边对着天井，故不能称为课室，空气却新鲜得很。济济一堂，只见数十盏油灯亮着，却鸦雀无声地埋头苦干。李老师感到教学时间不够，他又是教导主任，乃把课程表调整了，所有他的课都是连着两节课一起上，于是我们就有一个上午两节驾驶两节英文或罗经等。他连办公室都没回去过，上两节课后，给大家出去五分钟。他有胃病，站在黑板前背着我们把袋中带来的两块光饼吃后，接着就上后两节课。我们见到老师如此刻苦教学，若不用功，实有愧于心，于是更加互相劝勉，努力学习。我们也感到自修时间不够了，乃选代表向军事教官申请延长熄灯时间。那时晚上在宿舍里只有一盏油灯是点通宵的，有豆大的火光，供全宿舍照明之用，半夜起床穿错别人的鞋子，是平常的事。按规定熄灯时间到，所有学生的灯都应熄灭，而现在学生居然要延长自修时间，教官感到惊奇，他认为休息要紧，健康为上，只答应延到10时止。以后我们又申请一次，才准许到11时为止。问题解决后，新的问题又产生了。有的同学买灯油的钱不够了。穷则变，变则通，有办法了！把椅桌排成两桌相对，中间点一盏灯供两人共用。于是自修前后搬椅桌，也多了一种运动。有一晚，教官来看我们，他带着湖南口音对我们说："快点做啰，做好睡觉去啰！"脸上露出了无限的欣慰！

《航行海洋半世纪》

第三辑

名人与故居，
有历史积淀的三坊七巷

❖ 官桂铨：以指画虎的武将甘国宝

甘国宝（1709—1776），字继赵，号和庵，古田县人。清雍正四年（1726），迁居福州文儒坊。十一年中武进士。乾隆三年（1738）授侍卫内大臣，五年授广东游击，历任副将、总兵、提督等职。

甘国宝两次到台湾。乾隆二十四年（1759）十月，甘国宝任台湾总兵，为了加强台湾海防建设，他提出"总巡、分巡、轮巡、会哨"等办法，并且身体力行，安定海疆。同时，他还教导台湾人民明礼义、务耕种，发展生产，团结高山族同胞。乾隆二十六年，升福建水师提督，严守海疆，得到乾隆皇帝赞赏，诰授荣禄大夫。乾隆三十年，甘国宝第二次去台湾就职，受到百姓的热烈欢迎。他亲自坐镇到六斗门捕巨寇董六，严肃治理社会治安，百姓得以安居乐业。乾隆三十二年，因功升为广东提督。任内大力做好赈灾扶贫救困工作，加强军民团结。乾隆三十四年，复调福建陆路提督。乾隆四十一年，甘国宝巡视泉州，不幸染病而亡。

甘国宝虽然身为武将，却酷爱丹青，指墨画虎尤为传神，令人生畏。其作品为闽台人民喜爱，真迹收藏于福建省博物院、福州市博物馆、厦门市博物馆和台北双溪博物馆等。甘国宝的传奇故事见于福州评话、伬唱、闽剧等，妇孺皆知，有民国年间石印本《玉持刀》评话本等传世。

甘国宝故居在福州市鼓楼区文儒坊64号，坐北朝南，单层木构建筑，面积不大，四周封火墙，房屋残破。残存的墙头构件精美宏大，想见昔日气派。今为民居。

《甘国宝故居》

❖ 郑拔驾：吉庇巷

▷ 吉庇巷

　　吉庇巷，在南大街，原呼急避巷。闽俗相传，腊月廿四日祭灶，巷有郑性之，家贫，是日贷肉于巷口屠夫之妻，屠夫归而大恚，径入取熟肉去。性之画一马，题诗其上焚以送灶云："一匹马儿一双鞭，送君骑去上青天。玉皇若问人间事，为道文章不值钱！"后以殿元积官江西安抚使，加宝章阁待制，衣锦归第，气势烜赫。屠者睨视之曰："郑秀才至是耶？"性之令缚至庭，数其罪，捶杀之。自是出入，巷无行人。故名急避巷。性之所居清风堂，即今之魁辅境，说者谓堂下有卧尸影，阴晦则现，浣濯不去。

《福州旅行指南》

❖ 林行：黄璞故居

黄巷19号是唐崇文阁校书郎黄璞的故居。30年代尚可见"唐黄璞故居"的牌匾。相传唐末天下大乱，黄璞为逃避盗匪和世俗的骚扰特在大院西侧的夹墙外建了一间秘密花厅。到了清代，学者陈寿祺、巡抚梁章钜均居此，几经修缮更加幽静美观别致异常。

▷ 三坊七巷

花厅为双层小楼，屋顶上木构架所有驼峰、斗、托、拱都经精雕细刻，绚丽多彩。天井前面有一口小鱼池，半圆形小石桥的桥栏上刻有"知鱼乐处"四字，水清见底，可见金鱼群游水中。沿小桥进入假山，里面是长6米，通宽0.7米，精小的曲径山洞，沿石阶上三个转弯，只见怪石重叠。形象各异，有的似石塔，上尖下大；有的如雨伞，上大下尖；有的娇小玲珑，如雨后春笋；有的雄伟古朴，如宫殿庭柱。在假山坪顶东侧，有一块石崖上矗立着一座精巧玲珑的小亭，宝珠冠顶，六角飞檐，青瓦红柱，雕龙画栋，从小亭有小径直通小楼上。楼下两侧有两条用糯米和石灰制成的雪洞，洞深约10米，洞里好似云海苍茫，峥嵘突兀。至今，还保持100多年前宅院花厅假山的原貌和特色。

《鼓楼珍贵的古建筑》

❖ 林寿农：罗干"敲诈"

据民间传说，清季道成年间，福州出一举子，很有学识，有人说他品德欠佳，还有说好管闲事爱抱不平，毁誉参半。此人姓罗名干，一日去至布司埕（即今鼓屏路）鼓楼背后，见到巡抚刘韵珂亲书的"海天鳌柱"四字，某近视先生误读为"梅夫鳌桂"，一时传为笑谈。而罗干是个有心人，见"海天鳌柱"四字的石刻横额不偏不倚放在16条"上谕"的上头（"上谕"即是皇帝御书条文，匾额放在御书之上即是"犯讳"，按大清律例是犯罪行为），一时计上心来，翌日刘韵珂轿过鼓楼，罗干即行有意穿道，当被衙役所执，罗说"所犯何罪"，衙役说"竟敢冲撞巡抚大人"，罗说什么大人不大人的，他连皇上都不放在眼里，难道我还放他在眼里么？刘韵珂听后觉得其中必有蹊跷，也听说罗干这位举人是不好惹的，连忙请罗干回衙叙话，到衙叙茶寒暄已毕，刘即称"请老夫子指教"，罗说"你好大胆，敢把所书'海天鳌柱'四字石刻悬在上谕的上头，真胆大包天，目中无人了"。刘此时如梦初醒，于是拎出纹银一包请老夫子笑纳海涵，并求设法免祸，罗说不妨，只要移放鼓楼前，诿说其面朝海有利风水。刘即办不误。因此罗干大敲竹杠就出了名。

过些时适逢郭阶之家中向吏部请得"五子登科"四字匾额，好不荣耀，热闹非常，肆筵设席，大宴宾客，车马盈门，道途阻塞，来宾多馈赠大红蜡烛以及鞭炮之类以为祝贺。独罗干只包一对素烛，腰系白带一条，进府不是道喜，而是泗涕纵横。郭阶之亲自接待，睹状着实一惊，知道出事非同小可，赶忙说"有话好说，还请老夫子指教"，罗只轻描淡写地说："五子登科好是好，难为了令嫂。"阶之心里明白，忙拎出一大包纹银权当茶仪请老夫子海涵，并求对策，罗说"甥立舅嗣古有夙训，便可迎刃而解"。阶之然之，照办不误。盖因阶之之兄无出，闽俗谓"长房无嗣，二房绝嗣"，就是说，长房如果没有后嗣，二房即有后嗣也等于绝嗣的意思。今阶之因乃兄无嗣以其子立嗣亦情理之常，但此事为罗干所知底蕴，故罗干乘机敲诈财物，所以有"难为令嫂"的话，彼此心照不宣，阶之知道欺君罪在不赦，不是开玩笑的事，才赶忙准备一包茶仪（银子）交与罗干，声言请老夫子哂纳海涵。就此大事化小，小事化无，不了了之，也没有其他人麻烦，此事便告中止。

今据郭柏苍之孙郭则乾君面谈，真相是郭阶之只有四子均登科甲，而其兄之子亦登科甲，为了凑成五子登科，故形式上借其兄之子过继为螟蛉。其实际并无过继必要，更无真过继事实，所谓掩耳盗铃而已，此说较为正确。为了保存民间传说，前面所谈姑作存疑，亦无不可。

《三坊七巷与历史名人》

❖ 林行：六子登科陈宅

文儒坊61—62号陈宅，其屋在城区虽不算大，但金镂玉雕，玲珑剔透，曾屡上《三坊七巷漫话》《福建》等电视片荧屏。

陈宅坐南朝北，临街六扇大门，过去门额曾高悬"六子科甲"横匾（因房主陈承裘有七男，除第五子幼亡后，六子俱登甲乙科，其中进士三人，举人三人。为此，清廷恩赐"六子科甲"匾），门的下半部皆布满装饰性的门钉，跨进门槛为三间排的门头厅，从门头厅再过第二扇石框门，便是布满整齐石条的大天井，三面皆为绘有古代各种人物、车马、山水、房屋、花木、鸟兽等的回廊。过去分别摆列各种写有官衔的执事牌。正面就是三间排，深为七柱的首进。三十二根首尾一样大小的杉木柱、青石柱础、楠木花窗、精雕博古门扇等，均属上乘之品。正厅木构架上驼峰、壁枋、斗、拱、托等，皆为镂刻巧镌，梁架上有条灯桁，也贴有金花，灯桁两头，各靠在突雕金色木质狮子之上。镶嵌柱木质狮子的是两边各有两根长一尺有余的大铜钉。若从天井上仰望墙头，只见墙角高翘，墙头彩绘各种戏剧故事，依稀可辨。

从首进后厅，过后天井，便到了三间排深五柱的二进，屋宇高十米左右，可搭七层桌。该进左右两边厢房八扇门扇上，俱用整块楠木浮雕成"鸳鸯戏水"等八幅花鸟图案，是仅次于欧阳推花厅的、目前罕见的艺术价值极高的古建筑珍品。

文儒坊62号，为陈氏宅院的花厅，建筑年代早于61号。在临街方向辟有大门，进门有鱼池、假山及六角亭等。一条假山石笋上，刻有"望花醉月"四字。六角亭的对联是"室雅何须大，花香不在多"。池旁有枇杷、桂花，从阁楼上往下望，可见花亭里的鱼缸中，桂花倒映，被称为"月中桂"。在假山以南，有小廊可通后面三间朝东的厢房，匾曰"梅舫"，其窗扇、门扇皆为楠木雕刻，独具一格。房前天井的姹紫嫣红的小花园，现尚种几十盆花卉、盆景，清馨典雅，香气袭人。

《鼓楼珍贵的古建筑》

❖ 郑贞文、林家臻：乌石山教案

清道光二十二年（1842），中英签订南京条约，开辟广州、厦门、福州、宁波、上海五处为通商口岸，准英国领事居住，并许英商携带家眷自由往来。次年，英国要在广州建筑领事馆，被广州人民群起反对，未能如愿。道光二十四年（1844）英国驻福州领事李大郎（G.T.Leg）会见闽浙总督刘韵珂，提议建通商码头，并要求在福州南台至乌石山地段内建造洋楼。刘韵珂是迫害林则徐的军机大臣、著名奸相穆彰阿的私党，自然不敢得罪外人，但因福州人民坚决反对，请援广州成例，严词拒绝，并将民众激奋情况告诉英领，因此，英领责难粤督，并请照会闽督弹压人民。粤督耆英以根据条约规定不专指城内为词作为推拒。此时恰遇清廷要付甲辰年（1844）的赔款，英使借口不照约交还鼓浪屿为抵抗。经过几度交涉，英使虽同意退还鼓浪屿主权，但坚持要在那里设馆建屋，耆英则以鼓浪屿是在五口之外，当然不可建屋加以拒绝。不料英使抓住这一语，坚持厦门、福州是在五口之内可以建屋。因此，英人遂占住福州城内乌石山的积翠寺。

福州官吏顶不住英人压力，只得饰词报告北京政府，讨好外人。北京当局也装聋作哑，不闻不问。因此，英人更肆无忌惮，勾引道山观道士陈圆成割出观内属地卖给教会，又串通无赖王上升父子私造白契把文昌宫公地也卖给教会，于是英教士胡约翰便大兴土木筑墙盖屋。城内民众异常愤慨，推出代表分向府县陈诉并会同履勘，但媚外怕事的当局仍准作为租地，年纳租金15元，以20年为限，规定照中国式房屋建筑，不得越界增高。这案就如此糊涂了事。

英人看到中国官厅无能，其后扩大占地，屋外加筑围墙，并将所租房屋改造加高，视同己有，横行霸道，无所不为，激起福州人民群起反抗。……清光绪二年（1876），英人在城内乌石山上又擅自增建楼房四幢，人民更加愤怒。久在道山观授教的贫苦举人林应霖，目击英人侵占公地，遂招集百余人碎石为誓："凡有假公济私，见利忘义，有始无终者，有如此石！"一面联合地方耆老雷在南号召民众直接向教堂抗议，一面公禀官厅向英国领事交涉制止。督抚怕事态扩大，向下推诿，发交洋务局司道会议，并饬府县履勘，同时据情上奏清廷请求力争。北京总理各国事务衙门的王公大臣深恐有损邦交，主张和平处理，大吏望风承旨，都以让地给外人为

▷ 福州市内的教堂

▷ 南台地区的洋楼

妥，暗里派人恐吓林应霖。林应霖因有民众为后盾，不为所动。威吓不成，改用利诱，官吏托人向林应霖表示，可代捐知县分发外省候补，劝其息事，以图瓦解群众的中坚力量。林应霖大怒，严正地对来人说："应霖可杀、可辱，不可以威胁利诱。"

这时，丁日昌以福建巡抚兼督船政，迫于民众的理直气壮，不敢撄其锋；而教士的蛮横无理，也激起了他的义愤同情，力请英领星察哩转谕承租的胡教士交还乌石山房屋，另将南台岛的电线局局址对换。交涉初有头绪，适丁日昌病假回粤，英领遂托词狡赖，反而扩大占地，积极兴工。因而民愤益深，反对的声势益大，地方官吏不得不照会英领事饬令胡教士停工，定期会勘地界。在丈量描绘被侵占的公地时，围观的群众吼声大起，胡教士恼羞成怒，竟敢驱逐群众，人民反抗愈烈，经地方官吏通过耆绅劝阻，幸未发生事故。

地方官吏见民愤甚深，而英领和教士又变本加厉，借势虐民，恐酿成事变，遂调兵驻山保卫。一日巡防疏忽，某教士竟在山麓调戏一挑水少妇，被樵者撞见，正欲上前擒拿，教士竟挥拳猛击樵夫后逃走。樵夫忿诉于群众，协同少妇之夫、翁前往教堂，寻找那个不法的教士理论。那教士避匿不见，另一教士竟蛮不讲理，反把老翁父子缚送县衙。因此大犯众怒，顷刻间聚集万余人。武生董经铨率众冲入校舍，将器具摔毁，霎时间一齐动手，拆毁了新建的洋楼。乡民林依奴寻得校内的易燃性药品，点起火来，烧掉旧式楼屋二间。教士鼠窜逃匿，未曾受到惩罚。

英领事星察哩闻报，亲来乌石山察看，群众跟到山上。星察哩一面请侯官知县弹压，一面急电英公使向清廷要求惩凶赔偿。北京总理各国事务衙门先收到英国公使傅磊斯提出的严重交涉，以后接到福建督抚的奏报，极为震恐，对福建大吏严加谴责。闽浙总督何璟更惶惶不安，立将侯官知县刘恩第、千总浦大兴摘去顶戴，勒令魁期缉获滋事之人。董经铨、林依奴等人都被逮捕，林应霖也被押在洋务局听候查办。大吏认为林应霖首先发难，故奏革举人功名，以谢外人。民众得知当道一味媚外，侮辱士人，舆论鼎沸。这时，福建状元林鸿年退老家居，任正谊书院山长，愤然写千言书给何璟表示反对，并代林应霖剖白。民众代表再接再厉，分赴中外各官厅具控教士不法。光绪四年（1878），清廷又派丁日昌为查办大臣来闽专办此案。英方也派驻沪英巡按傅磊斯来闽调查。丁日昌得到福建人民的支持，理直气壮，即将林应霖及无辜平民一律释放。林应霖以原告身份与被告胡教士作面对面的斗争。经查卷会勘，胡教士确有侵占公地及侮辱妇女的罪行，林应霖力请根据道光末年总督刘韵珂奏报的原案，把教堂迁至离城30华里外，不许设在乌石山。虽英人滥用治外法权，在福州领事馆内设法庭，由英国驻华最高裁判长法兰次为审判官审理此案，但在民气激昂、万目睽睽之下，英方无法为不法教士掩护，只得承认乌石山租契不合法，应作无效，仍照丁日昌前议，将南门外下渡东窑乡善社公地原有电线局的洋楼租给对换，所有道山观左右的房屋全部交还，至文昌宫官地原议租限20年，应俟期满收回。至此，30余年被英人侵占的房屋胶葛告一段落，人民实现了射鹰逐狼的愿望。

《清末福州三教案》

❖ 林寿农：林昌彝与"射鹰楼"

林昌彝，字乡溪，举人出身，是著名的爱国学者。善饮茶，晚号茶叟。喜考据之学，是林则徐的好友，沈葆桢曾随他学习过，其宅在巷尾，靠近南后街，坐北朝南。屋有楼，面向乌石山。道光二十四年，英国驻福州第一任领事李泰郭，以暴力租居乌石山积翠寺。当时，闽浙总督刘韵珂是军机大臣穆彰阿的私党，不敢制止。林昌彝愤英人侵入城区，目击神伤，因名其楼为"射鹰楼"，自题一联："张我弓而挟我矢，蕴其志以待其时。"又有句道："但愿苍天生有眼，终教白鬼死无皮。"其慷慨激昂之情、爱国之忧跃然纸上。并绘有"射鹰驱狼图"，每谓"狼能助鹰为虐，不可不驱"，以"鹰"谐英，用"狼"影射刘韵珂。所著诗话，即名《射鹰楼诗话》，此外还著有《平夷十六策》和《破逆志》两书。林则徐对他评价很高，说："……真救世之书，为有用之作，其间规划周详，可称至善，此百战百胜之长策，与弟意极合。弟在粤东时，五围夷鬼，三夺夷船，其两次夷船退出外港，不敢对阵，皆此法也……"昌彝卒后，沈葆桢有挽联云："总角侍龙门，风雨啸歌，许以同心如昨夜；轻装归马渎，波涛咫尺，失之交臂恨终天。"师弟情谊之笃，于此可见一斑。

《三坊七巷与历史名人》

❖ 林行：洋务先驱沈葆桢故居

▷ 沈葆桢

沈葆桢（1820—1879），字幼丹，宫巷11号人，林则徐的女婿，清道光二十七年（1847）。同治五年（1866）由左宗棠推荐，任船政大臣，主办福州船政局。他建造马尾造船厂，引进西方先进技术，并创办造船、驾驶学堂，派遣学生出国留学，为我国海军建设奠下基础。光绪元年（1875）升任两江总督，兼南洋通商大臣，系洋务运动先驱人物之一。

故居坐北朝南，四面封火墙，前后四进。第一进，前有庭院，三面环廊。正中为杠梁厅，为七柱五间排，但不隔厢房，又减一根中柱，所以显得特别宽敞。这里无房不住人，在婚丧喜庆方动用，两廊安放仪仗执事牌，执事牌有二十多面，上书主人历任官职，以及"肃静""回避"等。第二、三两进，亦是七柱五间排，中为厅堂，左右两边隔有厢房，每进有房八间，为主人居住之所，厅前为天井，左右为披榭，进与进有围墙分隔，过道露天处，则建覆龟亭以遮雨。第四进为双层楼阁系藏书楼，主座房左右尚有两座花厅，中有二陆斋、住房、厨房等，亦隔有围墙，自成院落，设边门与大院通联一气。现在沈家后裔住此，是明清时期福州典型的豪门住宅，原有布局基本保存完整，用楠木雕刻门窗图案，间有损坏，尚可看出当时的豪华气派。

《三坊七巷的文化》

❖　**沈澧莉：**清廉一生沈葆桢

沈葆桢一生清苦自励，严以律己，也以此要求晚辈。他在江西巡抚任上写信给儿辈说："勤俭必不可忘！我貂褂霉烂，尚不敢另做，亦无白锋毛外褂，官亲家人皆以为耻，无论现在江西及京中旧债未清，力所不及，即稍从容，我等省一件衣服，即可救人无数性命。"他平日也常以"不贪"教育僚属及儿辈。常对其子瑜庆说："士君子之操行，惟以不贪为主，则所持者简而易全，取者淡而易置。以吾所见，当时功名之士，类皆嗜多务进，莫知所止。其于事为行止之间，坐是溃决而不竟，歧出而不收者众矣。"他在离江西巡抚任职回闽时，一如来时，两袖清风，清望大著。

沈葆桢有《折枝吟》句曰："雪天袭被偕朋辈，平地楼台待子孙。"还有自题《夜识斋》联语："不贪夜识金银气，远害朝看麋鹿游。"教育子孙不贪富贵。沈葆桢在他去世前三年写好《留示儿孙》：一、我生平荡检逾闲之事，不胜枚举，居官尤多不堪自问者，死后切勿以乡贤名宦上请，增泉下内愧，违者非我子孙；二、我无善行可记，身后如行状、年谱、墓志铭、神道碑之类，切勿举办，多一谀辞，即多一惭色也；三、我安于固陋，而无善作之志，身后不得将我疏稿及他文字妄付传刻，以贻口实；四、汝等或方为秀才或并未为秀才，丧我葬我，须按秀才所以丧父葬父者乃谓之称，亦养志之一端也；五、我除住屋外无一亩一椽遗产，汝等须各自谋生，究竟笔墨是稳善生涯，勿嫌其淡；六、同族无论远近，自祖宗视之，皆一体也，缓急相恤，惟力是视，切勿以远而疏之。

《沈葆桢的教育思想》

❖ 沈骏：刘步蟾甲午兵败自刎

刘步蟾仰药殉难时只有外祖父（指作者的外祖父陈兆锵）在他身边。外祖父晚年曾将刘步蟾死难的情况告诉我的两个姐姐沈苏和沈织。根据她们的回忆，外祖父是这样说的："定远"号被炸沉后，刘步蟾持"舰亡人亡主义"，抱定必死的决心，向外祖父托付家事。话讲完就拔出剑自刎。外祖父抢先拦住他劝说道：此次战败绝非你的责任，朝廷目前尚未下旨问斩，你又何必急于自刎呢。如果朝廷问斩，身首异处是很残酷的，而用剑自刎也是很惨的。作为一舰之长，舰在人在，舰亡人亡是理所当然的事。

▷　刘步蟾留学英国时

　　外祖父自知无法保全他的生命，这样讲是暗示他服药自杀以保全尸为上策。刘步蟾说："不！怕来不及了。"一旦旨意下来，服毒死得慢，还是要斩首的。外祖父十分悲痛地劝说："来得及！"于是，刘步蟾服下鸦片并倒在外祖父的怀里。他仍不放心，不断喃喃询问："来得及吗？来得及吗？"其意思是，如果来不及断气，他自己还要补上一刀。外祖父忍着眼泪，不断地劝说："来得及！来得及！"刘步蟾身材魁梧，体质极好，仰药逾日未绝。其他下属纷纷离散，唯独外祖父在他身边。终于他闭上双目，接着鼾声大作，口吐泡沫，过了好一阵，鼾声渐微至消失。刘步蟾就是在外祖父的怀里停止呼吸的。他殉国时年仅43岁。外祖父送他的灵柩南归，并按其嘱托处理后事。

《怀念外祖父陈兆锵将军》

❖ **王植伦:** 林白水与蒙学堂

1902年2月，林白水趁回福州过年假的机会，与表兄黄翼云，表弟黄展云以及革命志士方声涛、郑权等人共同创办全省第一所新学福州蒙学堂[①]。学堂设了一个特班，专招二十岁上下的青年入学；设了两个小学班，招收十五岁上下的儿童。学校既注重汉学，更注意西学，因此西欧的政治思想和科学知识逐渐输入青少年的脑海之中。校内还设有图书馆，搜罗各种新书报，供学生课外阅读研究；设运动场（操场），让学生锻炼体格，每天清晨设早操课一小时；每周六举行一次跳高、跳远、双杠等运动比赛。还在有革命意识的学生中组织"励志社"，组织阅读《扬州十日记》《嘉定三屠记》《太平天国笔记》《满清秘史》等禁书和文天祥、史可法、黄梨洲、郑成功等人的传略，鼓吹反满革命。林白水还常作演讲，或说明国内外大势，或灌输科学知识，或介绍欧美政治思想。在林白水等教师的影响下，有十个参加"励志社"的学生，分别取了"汉"字为首的别号，以示驱逐鞑虏、还我河山的决心，而且都参加了革命派组织。黄花岗七十二烈士中的陈更新、陈与燊就是"十汉"中的"汉郎"和"汉新"。

《林白水与辛亥革命》

❖ **林行:** 林觉民与冰心的故居

林觉民故居在福州市南后街杨桥路86号，主体建筑三进，坐西朝东，

---

① 位于文儒坊36号。

四面围有封火墙，第一进和第二进之间有一条长廊，廊两边种有翠竹，第三进大厅两旁各有前后厢房，是他父母和姐妹居住的地方，林觉民的住房在西南隅，一厅一房，厅与房前横有狭长的小天井，天井南端有一座花台，昔时种一丛蜡梅，正朝着卧房的窗门口。

▷ 林觉民一家

林觉民字意洞，号抖飞。清光绪十三年（1887）诞生在此祖宅，1911年三月二十九日（公历4月27日）参加广州起义，受伤被捕，壮烈牺牲，葬在黄花岗，年仅24岁，他在起义前三天写的妻诀别书中，曾深情地回忆故居的生活情景，曰："回忆后街之屋，入门穿廊，过前后厅又三四折，有小厅，厅旁一室，为吾与汝双栖之所，初婚三四个月，适冬之望日前后，窗外疏梅筛月影，依稀掩映，吾与汝并肩携手，低低切切，何事不语，何情不诉？及今思之，空余泪痕。"林觉民牺牲后，林氏家族脱离此宅，房屋卖给谢冰心的祖父谢銮恩，冰心小时候曾在这里住过，她在《我的故乡》一文中对此住宅有很生动的描述。

《三坊七巷的文化》

❖ 王铁藩: 少年不望万户侯

▷　全闽大学堂大门，后改为福州一中

　　林孝颖是饱学多才的廪生，以诗文闻名于时。当他考上秀才时，便被义序黄姓富翁看上了，托媒议亲，招为乘龙佳婿，即所谓"榜下招亲"。想不到孝颖不为丰厚的嫁奁所诱惑，根本不满意这门父兄包办的亲事，在结婚第一天便拒绝进入洞房。这使黄氏的精神上受到极其残酷的打击。她始终找不出不受丈夫欢迎的原因，为了名门礼教，不得不忍气吞声。日间装着笑脸，周旋在众妯娌之间；夜则蒙头哭泣，悲惨之声常达户外。全家大小对她的可怜处境莫不同情，想尽种种方法，都不能消除她精神上的痛苦。

孝颖也为着这门不如意婚事，心灰意冷，无意功名，恣情诗酒，以食廪（得官费维持生活的生员）终其身。孝颐为了安慰可怜的弟媳妇，便将幼小的林觉民送给她抚养，使其寂寞的心灵有所寄托。黄氏唯一的希望就放在这个孩子身上，爱抚之情，胜似亲生父母。但黄氏终因抑郁寡欢，在林觉民8岁那年，便衔恨去世了。

林觉民天性聪明，读书过目不忘，嗣父便把他领在身边，亲自教导读书。所学的当然离不开应考的时文制艺（八股文），林觉民对此根本不感兴趣，但一看到嗣父严肃刻板的脸孔，只得硬着头皮应付。13岁那年（1899），嗣父要他应考童生，父命不可违，怏怏赴试，但在试卷上写了"少年不望万户侯"七个大字，第一个退出考场。这时正处于废科举的声浪中，他嗣父压根儿也不喜欢"八股文"，抬不出大道理来压服他，只好叫他投考自己在那里任教的全闽大学堂。他也一举便被录取了。

《一纸遗书千行泪——记林觉民烈士夫妇》

❖ 王铁藩：林觉民在福州的最后十天

林觉民突然回家，使他的嗣父感到惊异，一再追问原因。他只得托词说："学校放樱花假，有几位日本同学要去江浙一带游览风光，临时叫我陪去，所以来不及写信通知。"这一次他在福州有10天时间，也就是最后在福州的10天，是给家中人留下最深刻印象的10天。他白天总是忙于外出寻朋访友，有时通宵没有回来。每次回来，照例先到父母房中请安，然后回到妻子房中，但比往常显得沉默寡言，好像有一股郁郁之气，横亘心头，因而特别喜欢独自饮酒浇愁。他的生母见他神态反常，唤他到房中闲谈，他总是推三阻四，敷衍一番就走了。有时则呆呆地望着妻子，欲言不语。这个闷结在当时谁也解不开，后来在读遗书时才明白，"回忆六七年前，吾之逃家复归也，汝泣告我，'望今后有远行，必以告妾，妾愿随君行'。吾亦既许汝矣。前十余日回家，即欲乘便以此行之事语汝，及与汝相对，又不能启口，且以汝之有身也，更恐不胜悲，故惟日日呼酒买醉"。他这次回闽，原想带他的妻子同往广州，参加运送炸药任务，为起义增添一分力量，及见意映怀孕已达8个月，无法随行，只好作罢。

……

广州起义失败后，林觉民的岳父陈元凯正在广州供职，他急忙派人寅夜赶回福州报信。所以在官府行文到福州前，林觉民的双亲、妻子、弟妹等一家7口，早已得知，急从南后街老屋秘密迁到光禄坊早题巷（今3号）一座两间排的双层小屋居住。此处是只有一两户人家居住的秃巷，单门独户，关起门来便与外界隔绝，所以外间很少人知道他们潜隐在这里。有一天晚上，不知何人从门缝塞进一包东西，翌晨才发现是林觉民的两封遗书。睹物伤心，举家哀痛欲绝，但又不敢公开举丧，只在楼上窗口对天招魂。陈意映悲伤过度，提前产下遗腹子仲新（农历四月二十一日产子，距林觉民牺牲不及一个月）。她常于更深夜静，哭读遗书，读到："汝体吾此心，于啼泣之余，亦以天下人为念，当亦乐牺牲吾身与汝身之福利，为天下人谋永福也。汝其勿悲！"便默默凝思。

《一纸遗书千行泪——记林觉民烈士夫妇》

❖ 萨伯森：变法失败，林旭入狱

旭知事急，匆匆往访郑孝胥（孝胥，字太夷，又字苏戡，时以清廷驻大阪总领事回国述职，奉命留京备光绪皇帝召见以陈奏日本编练陆军事宜）。旭曰："东朝（隐语，隐指'西后'）且归，将兴大狱。友人促我速至公使馆潜踪，我耻为之。今夕当归寓，焚所有缄札，免致为瓜蔓之抄。"孝胥曰："浏阳（指谭嗣同，谭系湖南浏阳人——编者）如何？"旭答曰：

"浏阳浑然一无所惧。"孝胥曰："吾固谓其至此。畏庐亦为君危之。"旭默然，归皮库营，夜灯已上。林太史兄弟（指时任翰林院编修的林炳章及其堂兄弟——萨伯森）趣饭，旭不能进。绕床行，至漏三下，乃发箧，取所有缄札，尽付焚如。自念："身受不次之擢，年未三十，死以报国，亦无所愧。特娇妻尚在江表，莫得一面；英烈之性，必从吾死。"念及此，不期酸泪如縻。既而愤然，曰："奸臣当道，阉竖窃权，重臣无张柬之（唐代名臣，于武则天病中与数位大臣密谋迎立李显恢复帝位，成功推翻武周，再续李唐正统）诸老，此事又胡可了？丈夫死耳！"时已八月，落叶满地，夜风一振，橐橐如人履声。因笑曰："忠臣殉国，乃有鬼向吾勾取乎？"诸稿既焚，辗转不能成寐。

▷ 林旭

仆朱贵已醒，伺于门外。旭呼曰："朱贵，汝前！外间消息甚恶，余必下狱。脱蹈不测，汝必至菜市收吾尸，告之林公兄弟，速运吾骨归闽。慎勿令主母知之。主母性烈，必以死殉，无益也。吾家兄弟咸未娶，嗣续非我所重。书箧中余金十数，汝将去，备一羊裘，见裘应念我也。"朱贵跪而大哭。旭乃曰："朱贵，汝不审事势时局。此焉足哭也！"语次，已迟明。忽闻履声，似有数人接踵入："求见林军机。"旭甫出，见二番役，言："奉五城御史（即提督九门巡捕五营步军统领，系京城治安之最高长官）命，请林军机至署。"旭从容曰："知之。"著衣既竟，不及面太史。门外逻卒十余，即欲加以银铛。旭曰："吾，国之大臣，有罪，至大理言之，胡得无礼？"番役如言，遂送诏狱。

《林旭》

❖ 陈子燊：严复归梓郎官巷

"已作归山计，何用更远游。当年杜陵叟，月色爱鄜州。"严复晚年多病，对故乡的怀念之情愈见深切。1918年秋天，严复66岁重返故乡，到福州不久，就赶回阳岐，亲选可供晚年栖身的房屋。当时，他看上"玉屏山庄"中的一座房屋，便决定买下，立即赶修。他在寄子信中谈道："下崎房子，吾本日坐轿前往踩勘，屋已数年无人居住，颇呈灰槁荒芜之象，经一番收拾，又添家具铺陈，当有焕发之观，比诸借宅城中，掷金虚北，孰为合算，灼然明矣。"严复急于购买这座房屋，是为三子严琥（叔夏）办理婚事，也为晚年归里作准备。

1919年1月10日（农历十二月初十）严复生日，阳岐族亲和亲朋故友来贺寿，严复请来戏班，演戏三天，对乡亲的盛情表示感谢。他居乡时经常拄杖在桔林河边散步，和父老们拉家常、叙农事，乡人求墨宝，有求必应。当时阳岐有一家福记杂货店，因严复在乡，竟由福州采办一批宣纸应市，一时传为佳话。他于1919年1月中旬，倡议重建"尚书祖庙"，庙祀南宋参政陈文龙（南宋殉国忠臣，《宋史》有传）。建庙时福建督军李厚基捐资三千银圆，严复捐二千银圆，历经三年，于1921年夏落成。严复亲自题写庙门横匾"尚书祖庙"，并撰写许多楹联。社会名流陈宝琛、郑孝胥、林则徐、萨镇冰、李厚基、叶大庄、高稔、王仁堪等人的各体书法，为尚书祖庙焕光耀彩。尚书祖庙的营建，除了对先贤的纪念意义之外，还为阳岐乡民众建置一座活动场所，并可增加一些经济收入。

▷　1905 年的严复，时年 53 岁

1919年夏，严复再次北上，处理一些未竟之事。于1920年秋末迁回福州，住进福建督军李厚基为他安排的城内郎官巷住宅。他写了《病中述怀》诗："抱老还乡卧小楼，身随残梦两悠悠。病瘥稍喜安眠食，语少从教减献酬。壮志销沉看剑鼻，老怀回复忆壶头。遗踪处处成怅触，依旧城南水乱流。"《避暑鼓山》诗："老病难禁住火城，今朝失喜作山行。千层石蹬经阶级，十里松风管送迎。潮落沧江沙出没，云开岩岫月分明。可怜齐胜今无具，笠纠鞋轻廿载情。"严复在城时，多居郎官巷内，但逢年过节，还是回到阳岐。庚申（1920）除夕，他在阳岐"玉屏山庄"中写下一首诗："除夕仍为夕，还乡未是家。枕高人病肺，鳞远罄收蛇。儿子天涯梦，寒梅水国花。邻儿争井水，明旦更喧哗。"

《严复与家乡》

❖ 林寿农：林纾疏财重义

先生此时出售书画及译作，收入较丰，生活亦达小康，然而疏财重义，遇人缓急，周之无吝色。先生自年轻时起，于肩挑贩卖及其他劳苦贫贱者，从不轻视。瑟若先生新中国成立前于福州《华报》发表之《林畏庐先生印象记》曾云：

……西瓜皮帽，身上穿一件红色大棉袍，两只袖子显示出红黑相间、而且时时有亮光的模样。他的两手常常交互着，套在袖里面。面孔不甚长，却也不短；躯干不甚肥，却也不瘦。有人说他道貌岸然。这就是译小说名家林琴南先生……有一天，我同先生在五城学堂闲谈，正是秋夜，月色如洗。我们同到厂甸步月。先生在途中谈到他年轻时的故事。他那时坐的蒙馆，每年仅有三十贯制钱的小小报酬。曾有一次，见了卖清汤的担子，歇在他门外。先生问小贩道："你家中有什么人？"答："有老母。"先生又问他："一天能够卖多少钱？能赚多少？"答："除了本钱，大约一天能够赚到八九十文钱。"先生举手在这小贩肩上指了一下，说："我可以同你做朋友了！"

刘孝浚君所写《林琴南旧居——妙莲花室一冷红垒》中亦有一段记载：

先生之中表陈国霖者，当先生在平、津鬻画时，曾流寓先生处。据谈当时军阀执政，人祸频仍，天灾不断。平、津剧场，恒义卖助赈募捐。先生挥斥千金，毫无吝色。不过仅数日伏案作画，收入又已不赀，以付捐款，已绰然有余矣。

刘君所著又云：

　　每逢过年过节，对于省内外穷苦亲朋，先生皆自动汇款接济，必使涸鲋得苏乃已。其有来函告急者，更无待言。此等事均由陈国霖亲手办理汇款，故知之最详。

　　先生平生译作及卖画收入不下数万金，然而随手散尽，绝无问舍求田之想。返福州时，恒下榻于亲友处。其横山巷寓址亦不过公房老屋，"妙莲花室""冷红垒"正所谓聊具虚名而已。此两处在今东门、水部之间。其在马江译《茶花女》时，则寄居于王晓垒子仁处。是时王氏在海军船政学堂任职。

《林琴南轶事》

❖ 林行：萨镇冰故居

　　朱紫坊26号是民国初期海军总长，代国务总理萨镇冰的故居。始建于明代，清初至民国间曾多次改建。前后五进，双重大门。头门有楼檐、檐两侧墙脊高翘，檐下六扇大门，入门两房一厅，第二扇大门的门楣上有一长方形泥塑门额。

　　入第二扇石框门为第一进，前有天井，三面环廊，厅前长廊可并列六顶大轿。所有门扇、壁板、窗扇皆楠木构造，屋架上的梁、檐、斗拱等雕绘精美。第二、三进建筑与首进基本相同，厅堂高敞，可搭七层桌，每进都有插屏门隔成前后厅，每一进前后厅的前后向都有天井，二、三进天井两侧有披榭。第四进为三间并排的佛堂。第五进三开间，中间厅堂为书斋，左侧为西席，右侧为书房，为萨家课读子弟的地方，有后门可通府学弄（今延安中学后门）。

在首进大厅西侧，有小门可通花厅。厅前有假山鱼池亭台楼阁，厅后排列十扇楠木屏风，上刻有108种花饰图案，为上乘之品。

全屋通宽21.5米，纵深107米，面积为2200平方米，进与进之间有围墙相隔，墙与木构重架起伏配合，形成流畅曲线，墙上泥塑人物花鸟遗迹尚可辨认，可算是目前保存较好的五进大院。

《鼓楼珍贵的古建筑》

❖ 林寿农：名医方树桐

方树桐在20年代前后，是福州大名鼎鼎的大方脉医师，与可济齐名。家住郎官巷，在他家的堂屋可以看到许多病家赠送的匾额及镜框如"妙手回春""华佗再世""卢扁复生"等等，不一而足。他不特医术高明，声誉鹊起，为人更是循规蹈矩。其贤内助亦喜做善事，如施粥、施棺、施衣及度岁（即救济穷人过）等。方老本人遇穷人则施药施医不取分文，因此颇受乡邻及大众的爱戴。

笔者少年时，闻叶潮安医师谈及方老学医经过颇耐人寻味。是时民国9年北洋军阀执政，李厚基任福建督军，一日方树桐晋谒李厚基相谈甚欢，有顷李问方平时作何遣兴，方答以会看命（福州人习惯把算命说成看命），而李误为看病。不久李母患咳甚剧，遂请方来诊，方愕然，副官说督军闻尔自言会看病，乃知命与病一言之讹引起误会，于是硬着头皮进谒老太诊脉。问讯乃知患咳，尚无大碍，按福州本地人治咳土法，每以山东梨炖冰糖服有益无碍，遂以此方应付，孰知药到病除奏效如神，此后李家有人生病，每请方老治疗，方因应付李不得不学医，由于方智慧超群，加以专心致志于此，不著年而医学大有成就，门诊出诊频繁，临床经验丰富，遂成名医，允称巨擘。

一日方老的外孙女患疹来诊，适方在手谈（打纸牌），问悉疹毒内蕴，未能表出，已入昏迷状态。时正溽暑，方叫把此女衣服尽脱，并移于后房阴暗之处，任蚊子来吮吸其血。当时客人见此不明何意，认为方老如此忍心，视同儿戏，莫不诧异。约一时辰过去，忽闻小孩呻吟之声，抱出一观，浑身上下红点斑斑。原来疹毒外表，转危为安，后经解释，乃知疹发不出，无药可医，只有借助蚊子之叮，以转危机，此诚异想天开，众人闻后莫不钦佩。此医疗妙法与苏州叶天士医师所流传的事迹颇有相似之处，真可谓无独有偶了。

《三坊七巷与历史名人》

❖ 王铁藩、刘承礼：邓拓与"第一山房"

邓拓的故居第一山，位于乌石山东端，中隔天皇岭，实际上是乌石山延伸出来的一块台地。周围多奇石，登其巅，望城中屋顶密如鳞片，古称"鳞次台"，系乌石山三十六奇景之一。后人又摹取宋代大书法家米芾行书"第一山"三字刻于岩石，字径80厘米相当显目，便成为当地的地名。

他的故居今为第一山2至4号。这所以山为屏的陋屋，在历史上却培育出不少人才。南宋绍定二年（1229）状元黄朴即生长在这里。他的子孙一直居住到明代，才全部离开此地。

……自明嘉靖以后至清道光易名为"第一山房"前，均为名人、隐士著书立说的地方，有文献题刻可考。此后，山房先后易主，成为陈、杨两姓别业。光绪年间归严家所有。当时"第一山房"仅存一座三间瓦房和两座房舍地基。民国时，邓拓的二哥邓仲辀将其进行改建，现在的建筑物还保持原来的面貌。房屋坐北朝南，基本上没有改变旧时"以山为屏"的布局，即是把原有三间排平屋改为双层楼房。这座主屋宽十一米，深九米。楼下，中为厅堂、后厅，左右为前后厢房，邓拓即出生在左厢房的前房。

福州著名的千年古迹"坚牢塔"（乌塔）即在山房之东200米处。立在庭院中，七层的古塔可以看到六层，微风吹动，清脆的铃声便送到山房中来。青年的邓拓很喜欢在庭院中活动，他时常和朋友们在这里踢毽子，约不到朋友时，就拉他的侄女一起踢。他把踢毽列为锻炼身体的主要项目，有时也打太极拳。

邓拓最喜欢攀登到石巅读书。家藏的诸名家诗文集，都留下他披阅时的指纹，也读了不少《新青年》《新潮》等进步书刊。庭院中有数方大城砖，以砖当纸，邓拓每天清早例行"悬腕"练习写字。由于山房环境清幽，主人热情好客，故邓拓的同学都喜欢来到这里聚会。他们时常举办赛诗会，比赛的是嵌有眼字的"折枝诗"。折枝诗又叫"诗钟"，此诗在福州十分流行，全诗只有十四字。即是折取七律诗中的一联，对仗要求工整，立意高深的便有取胜希望。比赛时限时缴卷，通过各自评选的诗朗诵出来，发给大家出资购买的奖品，一诗能中选多次，则能获得多份奖品，所以又叫"赌诗"。邓拓学识渊博、文思敏捷，"赛诗"使他得到锻炼机会。

《记邓拓和他的家属》

❖ 施秉雅：致力于名胜保护的施景琛

民国初年，值清廷鼎革不久，古物充斥都门，景琛颇能鉴别古玩真赝，因此遗老阀阅及国初新贵请其鉴别者甚众。曾搜获部分古玩，加之为人鉴定，故而收益颇丰。旋卸议员任及国务院秘书职。至北伐成功，北洋军阀全面垮台，遂买舟南下。回闽后，与诗界人士往来频繁。由诗友之介，于是鉴别古玩名闻遐迩。欲获其古玩者及请其鉴定者颇不乏人。景琛号其斋曰"大同"。盖室中陈列大铜器颇夥。是时福州郑丽生君与景琛为忘年交，丽生家藏小铜器亦不少。两人交流鉴赏经验，别有心得，可谓珠联璧合，相得益彰。时福州金石界人士戏称施景琛为"大同"，称郑丽生为"小同"；"大同""小同"志同道合，一时传为美谈。约在1928年后之一段时期，景琛担任福建省闽侯县古迹古物保管委员会常务理事。委员会名誉委员有陈培锟、刘通、董藻翔、马天翮、郑元鼎、欧阳英等人。在此期间将泉山天后宫收回公有，改名林孝女祠，并作古物展览室。又将泉山将军庙收回公有，改名陈岩将军祠。嗣再将中山路之疹妈庙收回公有，改为国术馆。此外，在于山、乌石山及其他地方之庙产收回公有者，不一而足。是时景琛一一派人保管庙内文物。当时，原住庙之老百姓和原以庙宇作为轿馆之抬轿工人，皆对景琛恨之入骨，恒以劣绅目之，甚至亟欲得之而甘心焉。其实保存古迹对地方有利，于私得失则不能计耳。

1933年十九路军蔡廷锴等在福州于山"补山精舍"内厅举行发动"闽变"之会议，反对蒋介石投降卖国政策，景琛参与其事。现于山补山精舍之侧，尚有摩岩刻石留志纪念，景琛名列其中。

《施景琛事略》

❖ 陈鸿铿：郁达夫翻旧书

新中国成立前，福州南后街是古旧书店集中之地，可谓密如篦栉。其中以"聚成堂"一家积书最多。南后街地近省政府。郁达夫到福州后，几乎每天都到这里溜达。福州经营书店的人，多把将售的书略事翻阅，了解个大概，称为"翻书皮"。聚成堂老板张永永的"翻书皮"本领甚好。顾客挑拣的书，他都能很好地作"内容简介"，所以很得购书者喜欢。郁达夫对聚成堂几乎是过门必入，因想买的古籍大多能在此买到，并且常常还有多种版本。

郁达夫买书的范围很广，经、史、子、集之外，有些较冷僻的诗、词结集也买，对书价也不斤斤计较。他在聚成堂书店所买的书，最满意的有《紫桃轩杂缀》《词苑丛谈》等数种。他对历代的闽人著述和当代的闽人所作也很感兴趣，如明代的《闽中十子诗集》、清代宁化籍书法家伊秉绶的

《留春草堂诗抄》、清代侯官籍著名藏书家郭柏苍的笔记集《竹间十日话》等，都是他在聚成堂店中买到的。对自己雅好购买古籍之癖，他曾戏作一副对联："绝交流俗因耽懒，出卖文章为买书。"

《郁达夫在福建的公余活动杂忆》

第四辑

开埠，繁华口岸与
阴暗巷尾

❖ 张奇萍、苏宝森、王能超：始建有线电报

清道光二十二年（1842）五口通商后，英国人在闽江口川石岛设立大东电报水线公司，敷设自福州至香港及上海两条水线，各长475海里，至台湾淡水一条水线，全长117海里。福州至淡水的水线，原由我国于光绪十三年（1887）自行铺设。光绪二十三年（1897）中日签订马关和约，日本割我台、澎，该线于次年以十万银圆贱价售给日本，由日人委托大东公司代办业务。当时清政府承认英人在川石岛的水线登陆权，并架设自川石岛至仓前山的专用线租供使用，指定烟台山西南角一座房屋为营业处。

光绪五年（1879）清政府兴办电报，其主要干线有福州至上海的福沪线和福州至广州的福广线。此外还有上海线一对、浦城线一对，水口以上各局的公用线一对，厦门线一对，汀州、永定、上杭公用线一对。云霄、龙岩、漳浦、诏安等各县公用线一对，马尾、川石、长门、三都公用线一对和台北线一对。福州泛船浦总局为各线的起点。

光绪八年（1882）我国电报改为官督商办。光绪二十八年（1902）清政府收回官办。辛亥革命后，电政归交通部管辖。福州设电报总局，由闽浙电政监督领导。局址设在仓前山东窑，并在南台上杭路设电报分局。1918年成立"福建电政管理局"，当时省内通报只用单工莫尔斯人工电报机，干线电路以幻线为主。省际电路只有上海线用重锤式收发报机。邻近县局还用电话传递电报（即话传电报）。如遇洪水、台风季节电话线障碍时还用邮寄。话传电报还有可说，电报邮递误时误事，给人民带来无法计算的损失。

《邮电今昔》

❖ 张奇萍、苏宝森、王能超：发展无线电报

福州之有无线电报，始于民国五年（1916），北洋政府交通部在福州汤门设长波无线电台，向德国购买德津风根式电报机一套，程式是火花式，电力5kW，呼号XOW，波长60090米，与各海岸电台及船舶气象通报，不久，由海军接管。民国十六年（1927）国民党南京政府成立后，福建成立电政管理局。1933年十九路军在福州成立"福建人民革命政府"时，该长波电台由福建电政管理局接收，一度改为广播电台。后因船舶气象通讯十分重要，故仍恢复为长波电台。该台除预报船舶气象外，还于福、沪间的有线电报障碍时，将通向厦门的电机暂停，与上海双工通报，使有线、无线相互为用。

1929年国民党南京政府建设委员会在福州十四桥（现南台达道路东口）设立短波无线电台，电力100W，呼号XPW，以后由交通部接收，开放商用电报，通上海、汉口、天津、广州等各大城市。福州无线电台与上海等大城市通报后，1931年与马尼拉通报。1935年福建省建设厅在福州设无线电台，与厦门、永安、南平等地通报。以后本市国民党中央银行、中国银行、农民银行、邮政储金汇业局、盐务总局、省保安处等单位，都设专用电台。航务方面，还设立海岸电台。

《邮电今昔》

❖ 杨立：福州的马路

新中国成立前五六十年，当我童年时代，福州街道都是狭窄的石板路，

最大的街道也宽不及丈。那时候交通工具，是保持着中世纪的马和轿，骑马的人毕竟不多，官僚、地主和大老板们都有自备的私人轿子；此外，还有出租的轿子，叫"野轿"，停在鼓楼前、南门兜、万寿桥头一带，在城内外的大街小巷，有经营出租轿子的"轿馆"。绝大多数人出门只能靠两条腿走路。那时候最阔气的是北洋军阀、督军兼省长李厚基出门坐的轿子，四个人抬着，轿前轿后有两排高大马队荷枪实弹，前呼后拥，老百姓远远看到，就要避开。

▷ 开埠后的福州景象

　　福州的公路又叫"马路"，是1914年由福建巡按使许世英倡议，在林炳章当市政局局长任上修建的。首先建了从巡按使署衙门口（现在的省府路）经水部门、王庄、中选、南公园到台江万寿桥的公路，沿途桥梁的编号是第1—14。这是福州市政史上第一条马路。

　　因为这条马路路线迂曲，不利交通。于是又另辟一条从南门兜沿茶亭、洋头口、转国货路到南公园的马路，把它同从水部门到南台旧大桥相接连。不久鼓楼、台江及仓前山也先后修建马路了。

但这些马路修得又窄又斜又弯，没有一条合乎标准的。即以当时修建通往西湖公园这条为例：由于西门街万寿宫（俗称"皇帝殿"）未拆（当时袁世凯正要做洪宪皇帝，还大加修葺），便要绕道西门外了。所以当时西湖公园的大门在西门外的桂斋、荷亭，游人很不方便。住在城内西北门一带的居民，游西湖都不走马路而走水路，从北门闸坐渡船（农民业余撑渡船）直达西湖宛在堂前，这是条捷径，渡船每人铜圆二枚。

《解放前后福州的马路和市内交通》

❖ **杨立：** 黄包车、马车及汽车

有了马路，也就逐渐有了新的交通工具，如人力车、马车和汽车。人力车又叫"黄包车"，当时为数还不多。马车都是有玻璃窗的轿车，全市约有二三十辆。经营出租马车业务的叫作"马车行"。私人的，也是最漂亮的，要算电灯公司刘家的那一辆半面布篷的敞篷马车了。小汽车又叫"小包车"，只是军阀、大官乘坐。军阀孙传芳、周荫人出门经常是两三辆小包车，车旁都站着挂满带驳壳枪的卫兵，风驰电掣，耀武扬威，路人侧目而视。出租的小汽车为数不多，也是后来才有的。

市内行驶公共汽车，始于1920年，由商人黄瞻鸿、林文访、罗勉侯等人合营的"延福泉汽车公司"。购买了上海旧客车八辆，用船运来福州后，修整合并四辆，往来于水部门，沿第1桥至第14桥，直达旧大桥这条路上，一天只有几班车。当时市民好奇，有不少人特地到水部门或者旧大桥乘公共汽车来回玩。

1927年，国民革命军入闽后，大、小汽车逐渐多起来了。人力车也多起来了。那时，市区交通以人力车为主。私人自用的人力车叫作"家车"，它的制造比黄包车好，特别是在车上装饰的零件极为考究。一般擦得通亮，夜里点起两盏车灯，光芒四射。一些官僚、地主、大老板们，坐着家车，铃声叮嘴，招摇过市。

年轻人最向往的是自行车，又叫"脚踏车"。可是旧中国自行车都是外国进口的，在街上并不多见。有专门经营自行车出租业务的"自行车行"，按时计租金，看车子的质量，大约每小时租银币一角至一角五分。这在穷孩子们说来，也只好望车兴叹了。

把人力车改装，配上自行车，叫做"脚踏辇"，又叫"老鼠拖尾"，是后来"三轮车"的前身。摩托车只有八辆行驶在路上，多属私人自用的。尽管交通工具比以前先进了，但是同骑马坐轿时代一样，广大群众外出时，除了借重两条腿外，其他办法并不多。

《解放前后福州的马路和市内交通》

❖ 杨立：民营汽车公司的出现

马路多了，民营汽车公司应运而生。有一家官商合营的"延福泉汽车公司"开业后，因资金短缺，管理不善，且拿干薪的人太多，故于1929年无法添购新车，以适应行车的需要，遂告停业。以后由商人经营的"复兴汽车公司"，代替延福泉汽车公司，承办大桥至鼓楼的公共交通；还有"闽西长途汽车公司"承办南门至洪山桥的公共交通。

但由于当时地方不靖，国民党军队任意强征车辆，油费、工资都无着落，故车辆逐渐报废，民营汽车公司终于不能维持。"闽西长途汽车公司"首先倒闭。

"复兴汽车公司"于1935年改组，增资添购新车。把旧大桥至鼓楼的路线延伸到西门兜，还增辟了西门兜至洪山桥，旧大桥至马尾两条路线。不久分为"复兴""福峡"两个公司，营业路线以旧大桥为界：桥以北为"复兴汽车公司"；桥以南为"福峡汽车公司"。"福峡汽车公司"还行驶旧大桥至峡兜（乌龙江南岸）和湾边两条线。抗战期间，1938年国民党军队还没有看到日本兵，就惊慌失措地把福峡路、福马路、西洪路一起破坏，因此，

▷ 洪山桥

▷ 车水马龙的福州街道

业务紧缩，每天行驶在路线上的汽车不到十辆。到1941年、1944年，福州市先后两次被日敌侵占。复兴、福峡汽车公司车辆均被破坏，资产被侵占，在这段时间内，福州市公共汽车完全绝迹了。

抗战胜利后，复兴、福峡两公司合并，由一部分华侨投资，组成"福州市经建公共汽车股份有限公司"，共有汽车49辆，独揽全市公共交通业务。在最兴旺时期，有西门至旧大桥、西门至洪山桥、旧大桥至三叉街、台江经水部至东街澳桥四路汽车。但至解放前夕，国民党反动政权面临崩溃，经济越来越糟，社会秩序越来越乱，到了1948年至1949年间，每天行车不到20辆。这样少得可怜的客车，还大部分为特务、兵痞、流氓仗势占用，坐白车不卖票，许多市民很难搭上车。随着通货膨胀，入不敷出，最后连职工的工资也发不出，只得变卖车辆遣散工人，有的几个职工分到一辆小汽车。至此公司遂宣告倒闭。

《解放前后福州的马路和市内交通》

❖ 张奇萍、苏宝森、王能超：福州最早的电话

清光绪二十三年（1897），德国商人在福州仓前山程埔头禅臣洋行内装磁石式电话交换机一部，叫作"德律风"，只限于各国领事馆，各洋行和西人住宅使用。光绪三十年（1904）福州总督衙门开始安装电话交换机，以后移至南门外茶亭，旋又移城内学院前，共装磁石式电话交换机三部，容量一百门，专供军政衙门和达官显宦的住宅使用。

光绪三十二年（1906）福州洋务局会同财政局筹设福州电话公司，资金30000元，其中10000万元为官股。民国元年（1912）因政府办理不善，无法维持，故由福州巨商刘家接办，定名"福建电话股份有限公司"，股本45000元，在城内塔巷、南台中平路及仓前山麦园路三处设交换所。总机容量发展至300门。实装话机200余架，全年电话月租费收入18600多元，以

后逐年扩充，至民国十六年（1927）公司资本增为142000元。至民国十八年（1929）交换机已有800余门，用户700多户。全年电话月租费收入58600多元，这一时期公司业务发展较快，在1914年第二届决算纯益7400多元，到1927年决算纯益已达11000多元。

由于逐年扩充的电话总机和话机有日本制造的，也有英国、挪威、瑞典等国制造的，程式不一，且使用年久，障碍百出，故大大影响通话效能。电话线路一般都用明线，杆上线担有五六层（十二线担），极少地段使用电缆，最大的电缆也只有50对。架设方式亦极落后，致通讯传输效率极差，听话器内的声音如同蚊叫。经常串话严重，主叫被叫用户讲话时，常有第三者混在一起。每逢刮风下雨，则障碍用户多达数百家。由于障碍多人力少，故最后修复的用户长达一个多月不能通话。有一次刮台风，把万寿桥上的24根木杆连同话线全部吹入江中，抢修达三个月之久。

▷ 万寿桥上的架空电缆

陈旧的总机，落后的话线，用户极为不满。乃于1929年，由省政府主席杨树庄号召全市用户每家垫付初装费100元，并由资方发行新股筹集全部货款的三分之一，计70000元，向上海美国自动电话公司订购美制史端乔式步进制自动电话交换机1500门，用户话机1000架和300对纸隔铅包电缆0.7公里，100对、50对、25对电缆10公里。以上交换机分装城内塔巷500门、南台中平路1000门，所有仓前山近200个用户则用300对架空电缆通过万寿桥接至中平路交换总机。以上新设备于1930年元旦开始使用。南台总机实装用户500余户，城内200余户，成为当时本省也是华南唯一使用自动电话的城市。

这一时期公司经济状况比较好，按照与美国自动电话公司签订的购机合同，于通话六个月后付清机款。但当时国际上发生金贵银贱风潮，最高时达1：29之多（即"法币"29元换1块美元），向用户收来的月租费换算美元还机款，甚有困难，于是吸收用户存款，用户存"法币"250元的，每月电话月租费八折优待，一方面每月扣职工工资10%作为储蓄。积欠美商机款虽多方集资，但拖了三年多才还清。

《邮电今昔》

❖ 王能超：自动电话的出现

1929年购来的史端乔自动电话交换机1500门，装在南台中平路1000门，城内塔巷500门，这是本市使用自动电话之始。1930年1月开通后，接续迅速，话音清晰，甚受用户好评。但没有几年发生两个问题：一是交换机的公称能力是1500门，而各级选组器配备不足，每百号只装10只选组器，即每百个用户同时只有10个用户可通话。以致在实装尚不到1000户时，已出现大量忙音，不易接通电话。二是城台交换机之间的中继线只有30条，在话务高峰时，不能满足城台间的用户通话。对第一个问题，我们采取在交换机过忙时停止一般用户通话，让重要用户的电话能及时接通。对第二个问题是向日本购买中继线10条（即出中继器10只，入选组器10只），缓和城台间用户通话的紧张状况。采购前，我们对美制的自动总机能否配用日制的中继器有顾虑，买来后，一看日制的与美制的除机盖和个别螺丝帽略有不同外，余均相同。

记得当年美国自动机工厂，中国留学生持参观证可到该厂各车间自由参观，而给日本留学生的参观证，则只能参观几个车间，其原因是怕日本人仿造，而中国人看了也不会仿造。今天想来这不是对中国人的优待而是侮辱。在第二次世界大战前，日本制造各种产品，很少独创，都仿照欧美产品。美国的工厂不让日本人参观，但他们照样能仿制。日制产品一般都质量低劣，顾客在市场上不论买到哪一国的粗劣产品，都说是日本货，好像日本货是粗劣产品的代名词。

《福州电话百年发展史》

❖ 王能超：飓风中的通话电缆

1935年12月，与福建电政管理局在中平路合建12米长的水泥杆24根，这是福州市用水泥杆之始。南台中平路交换所的出局电缆是美制的300对电缆三条，都挂在杆上，一条至隆平路油巷口，一条至大桥头，一条至桥南仓前桥头。民国二十四年（1935）6月间发生一次罕见的飓风，风力达12级以上。外线领班打电话给住在仓前山麦园路的笔者，说局前的电杆发生倾斜。我当时29岁，身体并不强壮，但考虑到如果电杆被风吹倒，则挂在杆上的三条300对电缆必将损坏，使全市用户通话受阻，责任重大。因此，不顾家属劝阻，决定冒险过大桥，到现场设法加固，以策安全。那时汽车很少，一般都是人力车代步，这时候乘人力车却很危险，飓风吹来，很可能连车带人被刮到江中。飓风的规律是一阵一阵来的。我是待一阵风吹过后，快步向前迅速抱住一根电杆，就这样一根一根地抱住电杆，花了一个多小时才跑到中平路交换所。一看，门前的电杆和平常一样，外线领班打电话说有倾斜，原因是他责任心强，高度重视通讯的安全。

《福州电话百年发展史》

❖ 郑天恩：福州使用银圆的历史

清道光末叶，有两种外国"番银"（民间叫"光番""银圆""大番"）流入中国，一是墨西哥的鹰洋；一是西班牙的本洋。每一银圆重七钱二分。当时每两白银可换制钱千五百文；所以光洋一元，可当制钱一千零七十文。

清政府为了镇压太平军，花费大量军费，因之财政枯竭，国库空虚，故特铸大钱、铁钱，滥发银票，剥削人民。但新铸的铁钱，因质低量轻，故民间拒用。在市场上都用银圆，而零星找尾则用制钱，顾客不肯接受，只得银圆剪角找零，仅剩中间圈形，民间称为"破元"或"破番"，被剪角的小银块，称为"银角"。

清光绪年间，曾铸出一种银圆，中间一面有团龙的图案，民间称"龙番"；袁世凯称帝时，曾铸银圆，因在银圆的一面，有又肥又大的袁世凯头像，故民间称"袁大头"或称"大头番"；民国后，铸有革命先行者孙中山先生像的银圆，以上几种银圆在市面上流通甚广。

《关于"古钱"和近代货币流通见闻》

❖ 郑天恩：银圆的兑换风波

清光绪十六年，我国自铸龙形银圆；二十七年自铸一面有龙形图案，中间无孔的"当十"铜圆，民间称"铜片""镙仔"。三十二年自铸银质辅币，分一角、二角，民间称"番钱仔""银角""小洋"。宋、明、清代所铸的铜钱，中有方孔，易于绳穿成串，便于携带，民间称"钱仔"。

当时一块银圆可兑银角十角，一个银角可兑"当十"铜圆十枚，一个"当十"铜圆可兑"钱仔"十枚。

清末民初的市场上，各个朝代的制钱都流通使用，如光绪年间自铸的银圆、铜片及银角、辅币；袁世凯称帝时自铸的"袁大头"银圆；外国进口的鹰洋和本洋。古今中外的银圆和铜币混杂使用，币制甚乱，且重量和成色无统一标准，兑换率时常变动，买卖双方常因兑换或找尾发生争吵，官府和市侩从中得利，市民受害，叫苦连天。

《关于"古钱"和近代货币流通见闻》

❖ 沈祖彝、林宪民等：福州钱庄

福州的钱庄历史悠久，始创于18世纪末叶，是地方性的私营金融机构。约在19世纪40年代，钱庄发行纸币。当时先发行铜钱票一百文、二百文、四百文、六百文四种。该票回笼即兑给铜钱，都由大商店兼办，资本不过二三千元。开钱庄的目的在于吸收活动存款及发行钱票流行额，以供商店贷用，但若借款商家做投机生意亏本，则风声传出就会引起挤兑（也叫滚票）风潮，应付不好，可能酿成倒闭。群众不明情况，有时也会引起别家挤兑。那时钱庄无管理机构，群众称钱庄倒闭为"瓦片做蝴蝶"（指连房屋都会被人拆掉），所以只有资金薄弱的商店才开钱庄以供周转，俗语说："开了钱庄，儿子不好议婚"，随时有倒闭破产的危险。

《福州的银行和钱庄》

❖ 庄家孜：福州的典当行

"当铺"对抵押品保管十分慎重，仓库内即使是"外盆友"也不得进入。"当铺"因恐当物由于保管不善而损坏，故在收进押品开出的当票上都写："倘有天灾人祸，虫伤鼠咬，各安天命。过期不取，听凭变卖作本。"当票上对所有押品都故意加上贬词，如收进衣着时加上"破旧"，收进皮毛时加上"不堪理"，收进金饰时加上"极淡金"，收进银饰时则写"呆铜"，收进呢绒时加上"虫破"，收进铜器、锡器及古董、字画时也要加上"呆"或"坏"字。

"当铺"对质押品在每年大暑、小暑时，都要从库内搬出翻晒后重新包装。每年元宵节，各"当铺"都进行盘点，盘点时邀请同业协助，互查互检，互相监督。由于制度严密，职责分明，故从未发生过以假换真、以次充好的事。福州有些有钱人家外出时，常把整包东西送到"当铺"押当，实际上就是委托"当铺"代为保管，宁愿出些当价，以免被窃及翻晒之劳。

《福州的典当、代当和估衣庄》

❖ 张鼎衡：潭尾街的贸易发展

从清光绪年间至民国抗战前后，潭尾街有三大富商的兴衰说明了什么？一是先曾祖原在青定街（下杭西路，现曾氏宗祠西边）开了公隆行上海栈，经营福州独有的特产檀香橄榄与福桔出口上海、苏州，换回土产生意。因檀香橄榄与福桔是上海市民过年的供品：青青（檀香橄榄）、吉吉（福桔）、节节高（糖蔗），并且为春节迎客的佳果，即客人进门就递上"元宝茶"，就要用檀香橄榄，特点是色青、肉脆，先苦后甜，留口香，舍不得吐核，接着递果盘，必定要有福桔。易赚大钱后，这时，办了两件大事：一是在闽侯县唐举、上岐、溪口、下岐、大目埕，以及闽清口购买了大量橄榄园，作为自产自销出口上海、苏州的基地。二是在潭尾街44号（即曾是双杭商场的百货店南部），开办谦隆钱庄为出票店。经营存放款与沪榕买卖汇兑，特别在闽侯县竹岐，白沙两岸与南港一带的水果帮中，信誉极佳，因有大量果园为产业，就有雄厚的财源——存款的保障。

私人钱庄出票约在清光绪后期兴盛的，在福州出票是用铜版精雕细刻有花边，有文字，有存根的版面，用蓝色刷印。票额与出票日期用手写，并盖有三颗印，一颗是长的椭圆形，盖在金额处，一颗是圆的，盖在骑缝存根处，一颗是方的，盖在出票日期下面。这种纸票在福州叫"台伏票"，又叫"花边票"，可兑现，金额是"银两"的，要打七折；民国后改为以银圆为金额的叫"大洋票"，又叫"番票"，可全数兑现。但私人钱庄出的票，要有十分的诚信，如有什么风声不利钱庄本号，持票者即可来店兑现，一挤兑就叫作"滚票"。这是出票钱庄最忌的一件事。故当时在闽侯县乡间有句传言"宁可存谦隆店的票，不愿存沉沉重的光番（银圆）"。

《商埠旺地潭尾街》

❖ 郭肇民：丁氏祠大赌窟

福州鼓楼区高带里有个祠堂——丁姓家族而居的宗祠。丁家在封建时代列八闽望族之一，后来没落了，祠里住了好多的贫户。到了清季，有3个在当时突出的族人：丁平澜、丁震和丁滢。丁平澜从海军马江船政学堂毕业后，派赴法国留学。回国后，奔走盛宣怀门下，当了正太铁路局局长。丁震光绪壬寅科举人，科举废后，举贡会考一等，分发新设的陆军部，以候补主事用，递升到员外郎。丁滢即丁碧舫，乃魁梧大汉，外表漂亮可观，清季颇蜚声于鳌峰、凤池两书院，嗣经福建提督学政提堂面试经义："吾提及史之阙文也"取了第一名——以院批（即批首）入泮。当陈宝琛在籍办学的时候，经陈考送日本留学。回国后，以经清廷留学生考试，得了内阁中书的头衔。当时，丁氏祠出了这3个知识分子上层的族人，因此，关于族间和祠里一切的事，便要仰承这3个人的意旨。又为了丁平澜和丁震长期间在省外供职，不能够兼顾祠内的事，于是丁滢便唯我独尊了。

丁滢由秀才而留学生、内阁中书，厕身于福州绅士阶层。……丁滢初执教于师范、公立法政和高等学堂等三校。在师范担任心理伦理等科，在公法和高等学堂担任关于法制、经济等学科；教师月薪所入渐丰，便坐起三人抬的亮轿，自命是特殊阶级了。辛亥革命后，三权独立渐普遍化，于是法庭上有律师出入，替诉讼辩护。丁滢领到律师执照加入律师会，在丁氏祠门前，竖起大律师丁滢事务所的牌子。他有大模大样的身材，富于雄辩的口才，在法院当高级推事、检察官的多是他的留日同学，声气相通；因此，他一挂了牌子，在报上登了执行律师业务的广告后，他的律师生意就大为可观了。

丁滢律师事务所里。经常来的人在丁滢的弟兄（长兄荷航、三弟莲航）周旋底下，就组织起了赌局。换一句话说：这些人们是丁氏祠赌场里最可靠的赌徒。

……

丁滢3个兄弟住在一块儿，老大丁荷航、老三丁莲航两家，全靠他一个人支撑门面，衣食住由他供给。他上午干些儿律师业务工作，到了下午两三点左右，就组织赌局：如果客所里来了两个客人，他和老三就同这两个客人，合成四人，又起一桌麻雀。少顷，又来了一个客人，老三站开，让这个客人入座。又等了一会，又来了一个客人，他（丁滢）自己站开，给这个客人入局。再等了瞬刻，又来了一个客人，他绝不放松地任这个客人闲坐，马上他们3个兄弟一同坐下来和这一个客人组成四人，叉起麻雀。等到续来的客人多了，他总是照上面所说的金蝉脱壳办法，组成叉麻雀、赌扑克等赌局。每天少则两三桌，多的四五桌、七八桌、八九桌……种类不一地组织赌徒，抽取头钱以自肥。

《福州旧时赌博之众生相》

❖ 郭肇民：筹码的发明

聚赌抽头钱，赌场一切开销，靠着头钱，赌场主唯一的收入，也是靠着头钱；所以在赌场里认抽头钱是天经地义的事。做个赌场主，如果赌徒输了钱，不付现金，非要有应对招数。丁滢针对这一点，想出巧妙的买筹码的方法：凡来场的赌徒，不管熟客和生客，不管叉麻雀、打扑克、压牌九……一进场来，须先向管赌账的事务所书记，买一束竹制的筹码作赌本，缴清筹码代价，现洋20元。这筹码里有当10元、5元、3元、2元、1元、二角不等，合计现洋20元。赌徒们当桌输赢，使用筹码，不用现金。每一桌等到赌局结束了后，赢者头醉且饱地把筹码向书记处支取现金，得意扬扬地回家，主人（丁家三兄弟们）很客气地站在大门口送客，总要说一声"明天再来"。输者——20元筹码输光了，要再买20元筹码，才有继续坐下来聚赌的资格。否则，手里无筹码可用，就等于没有现金——而没有赌本，俗语"空袋进赌场"，赌场主是不欢迎，赌伙们也加了鄙视；这时，他就要离开赌桌，让其他赌伙入座。最后，他也只赖得了片时，吃些儿小点，或一顿饭而去。

《福州旧时赌博之众生相》

❖ 郭肇民：坐大厅吓退捕赌

有一天，算是丁滢开赌场以来最倒霉的一次。有个赌客——是丁家三兄弟们不大熟悉的生客，花了20块现洋，买了筹码入局。要想在丁氏祠赌窟里捞倍多的金钱。但是，算盘落空了，他入场后，只打了几圈的牌，20元本钱输了精光。向书记处暂借20元筹码（即不用现金——赊账的），被书记处婉辞拒绝，怏怏而去，很不甘心。第二天，把丁氏祠大赌窟和丁滢的底子，很详尽地油印成传单，邮寄到各机关去泄愤。那时候，陈仪当省主席，声言禁赌，省会警察局局长李进德，是戴笠手下的喽啰，李想向陈仪、戴笠报功，捋丁滢的虎须，下令鼓楼分局派警到丁氏祠抓赌。丁先侦到消息，即分发赌伙避开，自身盛服危坐大厅上。当警察队围住丁氏宗祠大门严禁出入的时候，他在大厅上喝阻，通过台籍浪民向李进德疏通，结果大事化小事，小事化无事了。在这之后短时期，事务所里呼卢喝雉的声音，往来的赌徒，俱皆停止。此时，丁滢积累的抽头钱，已相当可观，该宗祠后洋楼式寓所一座，便是他用抽头钱盖起的。

《福州旧时赌博之众生相》

❖ 吴舟孙、郭云展：妓女卖唱为业

福州这个城市，曾被帝国主义的不平等条约列为"五口通商"的一个商埠。清末海禁渐开，福州的商业资本有了发展，它在更大程度上成了全省消费中心，与此相适应地，社会上产生了许多带着寄生性质的腐朽行业，娼妓便是其中的一种。

最初，福州西门外，是省内外的交通孔道，在海上船舶还没有畅通的时候，官商行旅来往福州多半取道闽江上游，西门外洪山桥设有接官亭，清朝文武百官都在这里迎来送往，街道两旁有客栈、酒馆、商店，景况很热闹。一批娼妓便在这里找到栖息之所。她们由江西上饶抱琴出来，沿途卖唱，经河口、崇安、建瓯，最后在福州洪山桥船上落户，在船上接客，过着烟波漂泊的生活。

到了海运初通，大桥头一带开始向商业区转变，南台苍霞洲茶道的地方，出现了几家妓居，大部分是由洪山桥水上迁来的。她们以卖唱为业，说是卖面不卖身，其实对熟识的客人，未必皆然。这几家妓居便是后来清唱堂和白面厝的前身。随着海运贸易日趋发达，大桥头一带最后形成了商业区，这批妓女便移居于土地庙河街，此时才出现清唱堂的名称，妓女增多了，门面也加大了，营业方式也一扫过去"小家碧玉"的样子。

与此同时，田垱街（现在中平路）开设了很多白面厝，此地一大片的房地产属于杨家所有，杨家（入日籍）是贩卖烟土的暴发户，居为福州首富，设有合宜洋行（葡、日）和崇裕钱庄。本来田垱街是一块田野，因毗邻商业区，杨家独具慧眼，在这里大兴土木，准备盖好屋子向妓院招租，所以家家门面相仿，屋屋两进，庭大房多，适合妓院居住的特点。房屋落成之后，杨家便做了妓院的大业主。

《福州的娼妓》

❖ 吴舟孙、郭云展：清唱堂

清唱堂的全座屋子是由老板租来的，搭堂的妓女可免费分房居住，堂内的水电、杂役的各项支出，也是由老板负担。搭堂的妓女每月只向老板缴纳伙食费（公共伙食，一般都很粗薄）。但老板作为当家人并不吃亏，因为在营业规例上定有老板应得的许多利益，各个搭堂户要照章办事。搭堂的妓女为了照顾老板的开支，总是多方拉请客人"开小牌"（唱曲）、吃菜和串牌局等等，这些收入悉归老板所得，搭堂户自己不得分沾。

唱曲是清唱堂妓女的主要技艺，所以养女买回来，都要经过一番教练。堂里有固定的"后台先生"（乐师），他们担任教曲和伴奏，教的是福州调、京调、小调（苏、闽、赣小调）。教曲的酬金归乐师所得，每曲3元至5元不等。清唱堂的学曲等于是一种功课，不仅养女要学好曲艺，就是已开业的妓女也要经常学新曲，度新声，以备客人点唱，养女除了学曲以外，还要学会猜拳喝酒和应客的一套功夫，然后才能出局应客，进退裕如。

唱曲有几种形式：最简单的是"开小牌"，一个妓女，配合一个琴师和一个鼓手，即可拉唱，每次不超过三段曲，价格2元。客人临走时，把钱掉在茶盘里，妓女拉帘送客。来者如系新客、阔客或瘟客（手头阔得近傻的客人），在"开小牌"的同时，妓女还会要求来个"开天官"（后台伴奏）或是"加鼓盖"（加拍全套协欢，弦管锣钹俱全，闹如戏台），每多一种花样，照加2元，阔者或给10元、20元不等。福州著名的嫖客尤柳门一次曾给过200元，可谓绝无仅有（尤系泉裕钱庄的小老板，福州第二次沦陷时充当汉奸，做过伪商会会长和税务局长）。还有一种叫作"堂会"，亦叫"出全堂"，那是权富之家遇有婚娶寿庆，召全堂妓女登门，轮流点唱。一次"堂会"最低价格是五六十元。清唱堂是欢喜"堂会"的，因为全堂受高门光顾，面子光彩，收入又多。上面这些唱曲的收入，与妓女毫不相干，全部归老板和后台先生所得。

《福州的娼妓》

❖ 吴舟孙、郭云展：命运悲惨的船妓

洪山桥的船妓进入台江以后，聚居于中洲梅花道一带。每家都有篷船两三只，妓女若干人，营业的时间都在晚上。客人来时，老板呼妓出，妓

女身上都备有一盒火柴，在自己面前一擦，借着寸穗火光，显现容色。客人有意者即可就宿，夜度资由三四元至十几元不等。在煤油灯盛行之后，船上改用马灯接客。台江上的船户一般很少点灯，潮落夜江的时候，那几点妓船灯火，看去就格外醒目。最初船妓有七八家，以后逐渐增多起来，她们被人呼为"乌面"，以别于陆上妓女所谓白面。

福州水上居民，生活是极端困苦的，他们以舟楫为家，靠着短途摇渡和捞捕鱼虾为生，在旧社会里身受的压迫是加倍严重的。前清科举时代，疍户的子弟被禁止进考场，陆上居民对他们也采取歧视的态度，一直至福州解放以前，还是把他们男的叫作"科蹄仔"，女的叫作"科蹄婆"（讥其赤腿赤脚）。自台江上出现了船妓营业，有些水上人家被生活所迫，也学操这种生涯。渐渐台江码头一带有着数处夜泊，那是专为船妓接送客人的舟只，能歌爱唱的船仔妹，常坐在船上互相盘答，客人来时往往争相兜揽，如果认识来者是某船的老客，那就相安无事，欸乃一声，泛桨荡去。

抗战以前，江上有夹板船，专供双宿之用，就宿须另付榻费，抗战以后，因海口封锁，航运闭塞，船妓营业日就冷落。有一个船妓名月香，后来迁居陆上"旧麻尖"白面厝，被人嘲弄为"水鬼爬上岸"，她听了悲愤欲绝。其实旧社会把人变成鬼，何止月香一人。

《福州的娼妓》

❖ 林德炎：福州的金银首饰行业

20世纪初，福州仅有经营银器首饰的首饰店几家，资金微薄，规模甚小，多是铺面营业、店后作坊。先祖父即操此业。产品有银制的首饰、挂件等数十种，兼营包金、煮金、镀金、贴金、点翠、珐琅等加工业务，所需材料都是从市面买回的旧银饰，加工或改制后出售，以销定产，每两利润硬币二角，销售对象为城乡居民。有的银店除零售外还做批售业务，供给下乡的货郎担和串街走巷的小贩，利润较低。这些银店都是父子店或夫妻店，极少雇用工人。比较大的银店雇用工人是采用按件计资的规定，每月工资三吊（相当于银圆三元）；如收学徒，则在五年学艺期间不给工资，只于年终时发给鞋价（就是能买一双布鞋的价钱）。五年期满，还要贴艺半年才算出师。出师后如店东不留用就要离店。当时尚未有同业公会和工会的组织。

《福州金银行业简史》

❖ 林德炎：金银首饰帮

时先父林彝山是首饰帮负责人之一，鉴于金银本是一家，金店的店东虽多系外行，但经理均从首饰业出身的，何必再分彼此，只有联合起来，才能消除隔阂，于是就出面与金帮谈判。经过开诚协商，一致同意将全市的金帮和首饰帮合并，组成"金铺金银楼同业联合会"，并选出代表参加市商帮。翁翼谋当选为第一任会长，林彝山为副会长。改组后的联合会首先是"齐行整规"，订立公约，在全市统一产品质量成色，统一买卖价格，沟通信息，调剂余缺。上海是全国金银交易中心，福州的金银价格以上海为准，合理划定地区差价，并委托闽人在上海设庄的厂商随时报道上海金银时价，作为定价的依据。价格由联合会常务集体决定，非经联合会正式通知，各店号不得擅自改变，要公开悬牌。每两黄金买卖差价（利润）四元，白银每两差价二角，产品工资另计。还订立各类成品的工资单价，以及原金改打的消耗标准。对黄金、白银及其制品的成色也作了规定，不得掺杂掺假，并订了违反规定的惩罚条例。联合会有责任帮助会员调节货源余缺，首先应在同业中互通短长。如供过于求时，则向上海售出。反之，则向上海购进，但不作硬性规定。

《福州金银行业简史》

❖ 林德炎：金圆券与法币对经济的破坏

国民党政府由于法币贬值，无法维持，于1948年实行币制改革，废除"法币"，代之以"金圆券"。同时抛售黄金以期稳定新币。可是，抛售的黄金价格一再提高，且市民和金店都难买到，同样地落到权贵们手里，反使市场物价更加上涨。仅几个月，"金圆券"的面值已嫌太小，印刷机日夜不停地赶印，仍赶不上贬值的速度。于是福州四行——中、中交、农和福建省银行均发行大额"本票"。这种本票的纸张和印刷均极粗糙，背面空白，正面则印有发行的银行、日期和金额，那时群众称它为"无理票"。

初发行时面额为100元至500元，于是更促使物价上涨。随后又一再提高面值，但任何挣扎总不能挽回经济崩溃的命运。当时国民党政府又改用"银圆券"代替"金圆券"。"法币"与"金圆券"的比率，"金圆券"与"银圆券"的比率，都成为天文数字，无法换算。金店一开门，就有一批人扛着装满纸币的麻袋进门购买黄金。另有一些市民，则是手拿一块金片或首饰，要求代他剪下一分或几厘售出后再去市场买菜。更多的劳动人民把这种纸币一捆一捆地扫入历史的垃圾堆，怨声载道。

"银圆券"发行之初，国民党政府曾宣称可以兑换银圆，也可以向银行兑换黄金，规定牌价黄金每两40银圆。但骗人的勾当不能持久，开始时尚有小量的黄金供应，随后即以各种借口无货应市。以致顷刻之间黄金、银圆的价格又凶猛上涨，市场一片混乱。因市面游资充斥，故金店应运而生。主要在于币值不稳定，物价扶摇直上。当时市政府打破常规，采取紧急措施，以黄金为通货，所有收支概以黄金计算。事实上市场早已按金进行买卖，按黑市进行换算。市府的从权办法，系按日以限价挂牌，委托金店承办清算。人们日常生活，使用大笔费用则用黄金，零星费用则用白米。

当时小报上"黄金与白米结婚"的漫画即由此而起。金店换金业务明按限价则亏蚀，暗按黑市则获利。特别是人家以香港条或上海烩赤碎块换取通用碎金时，在成色方面金店也得到利润，故千方百计钻营行贿，取得中央经济部的许可执照。一时新开的金店如雨后春笋，其中都是不懂行的投机分子想发财。于是市上出现了一股收买牌照的歪风，出让旧牌号可值黄金30两，装有电话、规模较大的店面可值100两。这种情况在今天看来似乎近于奇谈，但在当年确是千真万确的事实。先父经营的"复华"和已停业的"庆祥"，就有人愿出这种重价收买，而这两家还不愿出让。那时福州的金店已由抗战时的53家骤增至90余家，破历史纪录。那时福州邻县已先后解放，"银圆券"又成废纸，经济总崩溃已成定局，黄金和粮食在市场最吃香。商店货架空空，批发商停止交易，议盘或买卖都以黄金为计算标准。银行牌价虽一再提高，但黑市每两曾接近一百银圆。

"银圆券"在市面已不通用，镍制辅币一出笼就被人高价抢购。金店在这种情况下，过着"饱受风险挨骂赔本"的日子。金店不能生产黄金，虽有小量库存，亦被抢购殆尽。在这买者多多益善、卖者点滴惜售、银行不卖、金店无金、求过于供的严重局面下，国民党的军、宪、警、特务、伤兵、地痞、流氓乘机敲诈强买，金店被打砸事件不断发生。我曾多次被伤兵打过，打后还要卖给一些，以求息事。我店（"复华"）更是户限为穿，省、市军政机关的高级官员、社会上的头面人物，都向先父强施压力购买黄金。由于穷于应付，只好躲避不敢露面，由此也得罪了好些人。此时全市金店确已无法维持，尤其新开业的更是叫苦连天，于是就有全市半数以上金店相率关门，在门上贴着"家中有事，暂停营业"的字条，全店出避（我店不敢这样干，硬着头皮照常营业）。

当时国民党政府福州市市长何震获报后，亲来我店召见先父，要他劝导关门的金店马上开门照常营业，违者法办，并对先父说："你是同业公会的理事长，要以身作则继续维持下去，还要做好被打被砸、坐牢的准备。你们行业的情况我是了解的，但是我的处境也希望你们理解支持。"先父当时曾向何震提出，自愿缴销经济部许可执照并拆去电话（当时安装一架电话要十两黄金），换取关门停业，但何震均不准许。最后先父要求，顾客购买黄金要用银圆不要用银圆券，何震答应了。于是先父说服关门的金店一律开门，但营业时间大大缩短，每周六和星期日休假，勉强维持下去。

在福州市场极度紊乱之际，全市实行了税收以黄金抵纳，市府所属职员的工资亦发给黄金的办法，这样一来，顿置全市金店于绝境，但又不准停业。先父当将金店的实际困难情况向自卫团萨镇冰将军（系市府应变措施新成立的过渡机构，萨老被推为团长），市议长史家麟，市商会负责人蔡友兰、庄哲生、郑拱苍等反映，请求支持，得到他们的同情，随即面见何震，坚决提出全行业停业的要求。至此何震亦不再坚持己见，准许暂停营业，并清缴应纳的税款和认募的应变费，于是福州全市九十余家金店全部关门停止营业。

《福州金银行业简史》

❖ **徐天胎：** 讨债与避债

旧时，福州商场惯例，对所素识的顾客都有记账售货的事。此挂欠的数目，无论多少，至农历十二月中旬即将前后所欠列单分别通知，请早为筹还。至除夕，如尚未还清欠款，则派店伙前往其家坐索，谓之"讨数"，一直至五更天将破晓时为止。此前往各家讨数的店伙，手执写有商店牌号的纸灯，内燃烛火，并背上贮藏账簿及金钱的特制布包，三两人结伴同行。灯火虽云用以照明，亦具有证明其为某一家店铺的伙友。五更过后，瞬即新年，不论情况为何，都不得再行催讨，而把未了手续留待明年再议。

赖账不还的人不是没有，因一时周转不灵，或受其他客观情况的影响，以致未能清还的亦有其人，且连年都是这样。为对付"讨数"店伙的坐索，离家向外躲避，事至平常。但此时各娱乐场都已停业，家家户户又都在举行家宴，将避往何处确是问题。为使这些人获得便利起见，过去福州有数善社，特于除夕联合聘请戏班，在城台数神庙内公演。其地点，城内为锦巷七圣君庙，南门内下殿，与南台坞尾尚书公庙内。前往看戏的人未必尽是出于避债，但中总以属于这方面的居多，躲在庙内的人虽为讨数的店伙所知，亦无人敢进内向之索取。设有进内，无论在何种情况下，亦不问措辞如何的婉转，都会引起公愤，造成恶劣的后果，即因在"看戏"的人大都同病相怜，且正处情绪无从发泄中，导火线一燃，虽非避债的人亦必出而支援。处此"良辰吉日"，谁愿有此，"讨数"的人亦都能明。所以自从有演戏以来，从未发生过何种难于收拾的事故。

《福建传统节日习俗》

❖ 赵凯：烟毒横行

一时烟馆遍地皆是，吸烟的人亦日多，尤以苦力劳动者如人力车夫和搬运工人成癖者更多，他们每天血汗所得来的金钱，完全掷于烟馆，衣不蔽体，食不果腹，生活悲惨难言。较大台烟馆更兼打吗啡，吗啡毒性较鸦片更烈，价格亦较鸦片为廉，因此无力吸鸦片的人多改打吗啡，其中尤以人力车夫为多。每日打一针即可过瘾，打针部位为大腿与上臂，每天一针即留一个孔，经过几个月打处溃烂而死。当时街边到处可以看见腿臂脓汁淋漓，蹒跚挣扎跑步的车夫，状况极为可怜。

烟馆营业，上午较为冷清，下午逐渐人多，晚间最为热闹。内部布置，系于屋内两旁各搭床铺，中留通道口。吸者横卧铺上，就孔明灯吸食，或面对面而吸，或背对背而吸。卖烟处则设在后面，用天平称烟膏后，用大竹叶包裹，一包称为一度，普通重2钱。吸者先买烟，后上铺。烟馆伙友有三种，一为煮烟、二为卖烟，皆有工资；三为走坪，系代客冲开水（茶叶另购），打脸汤或卖东西，烟馆不给工资，由吸客给以小彩。还有装烟与按摩两种人，则与烟馆无关，多是由烟客堕落之人，在馆浪荡过日。男女都有（女的称为鸦片瓜），吸客叫其装烟与按摩，不必给钱，给以烟吃即可。此外卖粿饼与水果的，更终日络绎不绝。烟客吸后不能将烟屎扒去，由走坪代馆方扒去，于煮烟时投入，可以增加重量。烟馆里因怕风吹摇动灯火，不便吸食，故此遮蔽很密，长年不见阳光，异常阴暗。入内但见灯光荧荧，人影幢幢，声音嘈杂，烟雾弥漫，真是鬼蜮世界。

《福州的烟毒》

❖ 吴佳瑜："去毒社"

清光绪三十二年（1906）5月1日为总社成立一周年纪念日，当事者乘此机会，举行盛大宣传。是日，敲锣打鼓地高抬民族英雄林则徐遗像，把一年来总、分、支社及各调查部所缉获的烟土、烟具，列成长队，浩浩荡荡地绕城游行。事先在海关埕备好许多大锅，内置煤油、松香、漆渣、食盐等各种燃料，邀请当地官府、社会人士、各国领事、各洋行买办到场参观，游行队伍到达后，即当众举火焚毁，摄影存案。一时万人空巷，观者塞途，同声称快。

同时，由社具文层转清廷，报告本省禁烟实况，请求向英政府交涉，禁运禁售，以杜来源，并令贩售鸦片的洋商停业，以维我国烟政。但对方的复照，竟荒谬地提出："如果中国借口禁烟，一面又自种罂粟，徒使彼国商业大受损失，殊为不宜，必须双方各派专员实地查勘，果无自种，始愿停运。"这种无理的非法干涉我国内政的行为，清政府不特不予驳斥，反而应许照办。由外交部特派专员叶可良会同英国派遣的专员包克本，同赴本省上下游各地仔细履勘，确无发现罂粟，方始折服。当即表示报请英政府停运，同时将著名的售土英商关闭两三家，以资敷衍搪塞。但不久，又被我方陆续破获烟土多起，最大的为法商合一洋行，一次缉获大土一千多粒；又破获日商日兴昌洋行、福记洋行、三五公司等烟案百数十起，追究来源又多是从英国轮船运入的。帝国主义者背信弃义，唯利是图的丑恶面目暴露无遗，使人更加唾弃。以后又破获烟馆多家，缴获不少烟具，援照前例，悉付一炬，风声所播，中外慑服。

在这段时期吸毒者日渐减少，贩运销售，亦自敛迹。百年烟祸正望彻底禁绝，乃进入民国后，本省政权操在军阀手里，亦兵亦匪的杂牌部队各据一方，暴敛横征，不择手段筹饷，不顾利害，名虽禁种，种则罚捐，实是强迫农民广种烟苗，否则按亩罚捐（烟亩罚捐）。这在军阀们看来，既是最好的饷项来源，又是饱私的生财大道，此尤彼效，流毒全闽。"去毒社"大声疾呼，舆论界抗议哗然，而军阀们却无动于衷，其荒唐达于极点。烟禁既弛，如决江河，不可遏止。人民禁烟而官厅种烟，已为当时无可掩饰的尖锐矛盾。"去毒社"无力去毒，遂成瘫痪状态，因是于民国十年（1921）宣告解散。十多年惨淡经营的去毒政绩，至此尽付东流，深堪浩叹！

《福建去毒社》

❖ 任贤俊："禁政系"训练鸦片专卖人员

1939年3月，由福建省县政人员训练所招生设班专门训练专卖鸦片人员，当时分永安、南平、三元、长汀、建瓯、福州、漳州、厦门8个地区招考学员（以禁政系名义招考），名额是90人。分甲乙两组，甲组招考对象是大学专科以上毕业，或曾任委任职5年以上，或对国父遗教有专门著述经审查合格者；乙组招考资格是高中毕业或曾任委任职3年以上的。我当时在福州投考乙组，考场设在闽侯县府，考试科目有国父遗教、国文、政治常识三科。在福州报考乙组的有58人，只录取2人。揭晓后集中三元镇训练所训练。

3月底报到，训练时间原定2个月，后因急于开店，提前毕业，只训练40多天，至5月中旬即去南平福建省统一土膏行报到，集中实习业务5天，即由该行分发到各县开业。

到班训练时，第一次听到教官报告，我们才知道禁政系同学毕业后并不是派到各县去办理禁烟行政，如担任县政府禁烟科长、科员等职务。而是分发到各县开设土膏店公卖鸦片事务，学员们很惊异。因为民众中多数人认为，买卖鸦片的人是坏人、奸商、不正当职业者，而学员们都是知识分子，哪能去干卖鸦片的勾当。大家都有异议，不愿干，纷纷请求转班转系训练，有的请求把土膏行店名称改为禁烟局处。后来经过教师、训导、教官的一再解释，学员们才认清是为国家公卖，不算可耻的职业。但一部分学员已转业到区长、科长、税务各班去训练。禁政系训练科目是国父遗教、国文、国际形势、政治常识、自治法规、禁政业务、军事训练，乙组加初级簿记学一科。训练结束后到南平作土膏业务实习时，犹有人提出改变土膏行店的名称，结果无效。实习5天结束后即分发各县筹备开设土膏店，甲组学员即派为土膏店经理，乙组学员派为土膏店的会计员或办事员，负责售卖土膏及会计业务。我当时被派到连江县土膏店当办事员，在未到差前先到福州办事处报到，帮同福州市筹设土膏店下渡分店，几天后即往连江县筹设。

《福建土膏公卖情况》

第五辑

家国，近代福州的
不屈英雄气

❖ 郑贞文、林家臻：川石教案

英人在清道光二十四年（1844）占据了乌石山积翠寺后，便打算在闽安镇的登高寨建筑教堂，利诱郑姓居民把这块地卖给他们。地方民众认为登高寨地势巍峨，遥临海口，北岸炮台即在其下，是海防要地，不能任外国人占据，公推绅士王有树呈请官厅禁止出卖，事遂中止。王有树是亭头乡进士，曾任四川夔州府知府，退老家居，平常热心地方公益事业，并曾办过海口团练。在前清惯例，民众要向官厅陈述地方事情，都要由耆绅具名呈请，一面还要靠人民群众做坚强后盾，才能达到目的。但是，英国驻福州领事星察哩野心不死，同治七年（1868），利用教民林臻信串诱川石居民陈道松、陈大才等私将曾经他们垦荒的山地，永远租给英国布道会起盖疗养院，并已订立租约。嘉登、合北两区民众以川石地近五虎口，属要塞范围，不能租给外国人居住。嘉登是琅岐岛的乡名，合北就是亭头乡，也包括瑁头一带。乡耆陈学曾和文士朱凤仪等向当地官厅呈诉，并由王有树面请当局制止，因此，福州府及闽县不敢将契据注册。英领星察哩认为中国违背教会有权在五口置产的条约，哓哓争辩，但因王有树与巡抚卞宝第素有私交，官绅力争，加以民众支持，案遂悬而未决。

次年正月，英教士胡约翰带了土木匠竟来川石破土兴工。岛上居民大忿，张贴告示，集合群众，出而阻止。胡教士蛮不讲理，教民林臻信、林大恩等助桀为虐，大遭群众怒斥，其势汹汹。但英领事竟叫停在海口的英舰驶来，并命水兵登陆，要捕为首反对的人，更激起了众怒，群众拾起石头，殴击工匠，不许动工。英教士胡约翰喝令英国水兵开枪，击中带头反对、佃户出身的农民王光天（克明）要害，终致丧命。英领事又张贴告白说：聚众阻挠是耆绅王有树所主使。乘王有树进城之际，他们闯入王家，逼他的侄儿具结，大意是如果以后川石再有人阻挠买地或盖屋，王家要赔偿银洋10000元，并把王家捣毁，将火药分撒屋内，猖狂威胁。有树回乡后，立将经过事实呈报督抚各衙门请求保护，并请向英领事馆严厉交涉，一面集合亭头乡联甲严密戒备，如英人再来，用地方人民的力量坚强抵抗。

当时，在福建的官吏有两派，巡抚卞宝第，曾因弹劾过汉奸端华肃顺，故以敢言的五御史著称，且和王有树世交，所以站在人民这边。而前任闽浙总督吴棠、后任英桂，都是媚外暴民的投降派。尤其英桂是清廷的将军兼任闽督，完全站在反人民的一边。起初在吴棠任内，还能采纳卞宝第的主张，派遣道员夏献纶向英领事交涉，并咨请北京总理各国事务衙门处理。英领事见我国官民态度强硬，自知理屈，请求不要深究。到了英桂兼代闽督，对此案只想敷衍了事，虽经卞宝第反复请求，始终不得要领。英领事侦悉此情，便硬说王光天未死，且扬言要再派兵到亭头捉拿王有树。近据有树后人检出的卞宝第给王有树亲笔隐名信16封和沈葆桢给王有树的信一封，进一步证实英桂卖国媚外的罪行。

据卞宝第复王有树的第三封信称："奉函愤懑欲绝，平民尚不可妄拿，何况绅士。彼人言不能人，已令夏道往浼，彼颇慑幼翁声望也。"（彼人指英桂，幼翁即幼丹，是沈葆桢之字，那时在闽办理船政。）当时有树打算暂离亭头，以避其锋，所以沈葆桢复有树函内有"去邪乃不得已之计，因为安土重迁，其人如可为力，断无不竭力斡旋也"。第四封信称："已令祝丞亲商督垣，不得仅作弹压百姓一面文字。"第五封信称："据夏道云：该领事已允不再至尊府搅扰，如再有非理相干，可分别函告。"可见英领的威迫恐吓和英桂的媚外抑民情况，其丑恶面目已十分清楚了。

英桂因受民众的压力和官绅的督促，不得已命通商局与胡教士洽商，由通商局加价买回川石山地，但英领事坚持不允，硬要派匠来川石兴工。这时适有陈姓族人向官厅控诉陈道松与英教士勾结盗卖陈氏在川石的合族公产，并请求阻止英人在川石建屋。可是陈道松被胡教士匿居教堂，诱使其咬定确是私产，并扬言要派舰保护开工，如有阻挠，便开炮轰击以为威吓。

是案因人民义愤并提出有力证据，证明确是陈姓公产，陈道松至此在确凿的证据面前，不得不承认是盗卖公地。卞宝第当即照会督署请据理向英领馆交涉，但英桂竟置之不理，硬要闽县知县查得说该地未经升科，硬说是官地，可由官厅借与外国人盖屋，并与英教会订立合同，由胡教士将造屋的工料款缴交官厅代为建屋，以免与老百姓直接冲突，掩耳盗铃以达其讨好英人的目的。卞宝第异常气愤，在致王有树第十二封信内称："看来此事已无可挽回，光天之死深为痛惜，义民也，达官愧之多矣。"但卞宝第也不敢揭发英桂的丧权媚外罪行，只奏请清廷开去自己福建巡抚的缺，以表心迹。他在致王有树第十三封信中说："连日为此事心力已尽，制垣坚欲将道松交洋人带回教堂，力争数四，定不肯从。制垣持意已坚，侄愧对绅民，决将去位矣。"卞宝第于奏疏中不敢涉及英桂，只将责任归于承办此案的某道员，清廷也明知内幕，一面准卞宝第请假，由英桂兼署巡抚，一面将某道员免职，便算完事。

川石岛上的绅民都知道英桂在职，广大人民绝不可能取得胜利，于是一方面继续力争，一方面增强联甲组织，加紧军事训练，订立公约，如英兵敢来，便和他们拼命到底，寸土不让，把他们赶下海去。英领事怕酿成大事，只好退一步，向通商局表示愿意和解。英桂也逼于舆论，于1879年农历正月，派福州府知府尹世铭等到亭头乡调解，条件是全乡撤防，英教士将用暴力取得的约字缴还。一宗轩然大波的川石教案，就这样了结。人命不偿，盗卖不办，水兵登岸捣毁民房不算，教士借势欺虐人民不问，清政府腐败至此，自置于半殖民地地位。如果不是人民觉悟奋起自卫，则国防要地早就为帝国主义者所侵占了。

《清末福州三教案》

❖ 郑贞文、林家臻：天安寺教案

福州天安山的天安寺，位于大桥以南，始建于宋代，寺中有松风堂，为李纲读书处，又有藏六庵古迹。天安山原名天宁山，寺名天宁寺，后因避清宣宗旻宁的讳，故将宁字改为安字。清嘉庆十二年、道光二十五年、光绪十六年，前后由乡人捐资修建，勒碑为记，分立寺内两侧，完全属于地方公产，迭经官府示禁招租居住，这是人所共知的事实。

咸丰五年（1855），英国派领事官来福州，因无适当署址，英领直接向天安铺居民李光第等租用天安寺双江台后面的空旷山园两段，盖造领事署，双方订立租约（此约为本案主要证件），照录如下：

立租地约据人李光第等，今有天安寺双江台后围墙内空旷山园两段，坐落闽县南台天安铺地方。其园地南至围墙，北至内围墙，东至围墙，西至围墙为界，情愿租与英国领事官盖造公所。当面议明每月租金五十千文，自咸丰五年二月十五日起租钱分作四季凭折支取，如遇中国闰月，照租加给。自租之后，听凭掌管建盖房屋，地内原植果木，去留听便。此系本铺官山，与别铺绅民无涉。寺后门户应行堵塞，英方另行开门出入。仍俟不用之日，照旧址退还。恐后无凭，立此租约，各执一纸为据。

这是咸丰五年二月间第一次订立的租约。至咸丰十年（1860）十一月，又由仓前乡天安铺联董代表洪范、陈道昌等，与英领事再立第二租约，内容与第一次签订的完全相同。这是英领事租地建署的经过事实。

根据前后租约，英领署租地范围只限于天安寺双江台后面围墙内的空旷山园两段，四至界址十分明确，丝毫没有含糊不清之处。就是说：围墙以外的地方，都与英领署无关，而天安寺内的建筑物，更牵扯不上了。且自咸丰五年订立租约起直至光绪三十四年发生纠纷止，中间经过54年，双方均照约履行，相安无事。现在将案情起因和交涉始末。分述如下：

光绪三十三、三十四年间（1907—1908），福州绅商各界以本地人烟稠密，屋宇毗连，时常发生火患，人民受到不少损失，在彼此倡议下，各铺各保纷纷筹设救火会。桥南天安铺也在光绪三十四年（1908）三月二十日设立闽南救火会，会址设在天安山的天安寺内，这完全是名正言顺的合法组织，拟定章程，由桥南绅商联名公禀，经福州商务总会核转当时的有关衙门出示立案。因寺内藏六庵先被英领署职员曹定丰占住30多年，竟想凭借外人势力出面反对。6月20日率其侄大挑知县曹士元纠众来会，不由分说，逞凶殴打该会坐办员，并摔毁全部器具。一时桥南各界动起公愤，正欲联呈指控，21日早晨，恰巧本省总督到亭下山日本领事署回拜新任日领事，路经仓前街，当有桥南公益社社员林雨时、郑守馨，乐群社吴家瑜，举监生员王成球、王鸿意等会同救火会的许襄侯、刘光栋等多人临时发动街坊群众，手执白旗，鹄候路旁，等待总督回舆时，一拥上前，同声控诉，请"大帅"顺道亲临救火会履勘，喊声四围响应。斯时所谓"大帅"看到这汹涌的行列，听到这强烈的吼声，突如其来的紧张局面，仓促之间没有主意，只得乘舆登山，巡视一周后，当众宣布，此案即交地方官从严处理，众感满意。而曹氏叔侄眼见情势不妙，急央公亲陈佶斋等出面调解，自愿限期迁离该寺，立约存会，其事遂息，但不免怀恨在心。

又寺内厨房被英领署听差张泉泉霸住，该会请张搬离。张抗拒，反而诈传英领事命，勒限救火会迁出。经该会函询英领，首次得复：承认是听差之误。以后，不知曹、张两人如何播弄，英领事也认为中国人容易对付，竟于8月17日叫张差来传命，呼召该会当事人到领事署问话。该会怀疑又是张差弄鬼，当再去函询问，英领事竟这样答复："兹维来禀，所称情由，本领事合行特饬贵执事知悉，倘非贵执事及许赞国即速到案审诉尔等何故擅行侵占大英国汉府之租界情由，本领事不得不照会地方官严勒尔等遵照。尔等犯有极大背约之重罪，但尔等犯罪，或系无知所致，且尔等胆敢不理本署听差所传本领署之谕，诚大获罪于本领事也。"云云，措辞蛮横，无理已极。

救火会接函后，明知英领违理背约，有意混争，但仍再三容忍，婉辞辩复，一面把前后租约绘成图说，呈请有关衙门派员履勘，据理交涉，但始终迁延不决。英领事更看透清廷官吏腐败无能，因即先发制人，接二连三函向办理对外事务的福建洋务总局作颠倒是非、强词夺理的反诬。其来函称："本署后之藏六庵，现被桥南救火会横行占住，吵扰难堪……天安寺内地址系在本国汉府租界之内，岂容救火会在此强抗肆扰，如不立饬搬离，必致酿成巨案……"尽情恫吓，无理至极。地方各界联名公禀各级衙门，请根据租约与英领事辨明界址，严重交涉。当局迫于舆论，派县令高庆佺到寺履勘，认为藏六庵确在租约之外，与英领署毫无关涉，详复核办。在无可辩驳的事实面前，洋务局却畏首畏尾，只以"天安寺藏六庵地址，既经商务总会详查，并经高委员逐细勘明，实在租约之外，与英领署本非相连，未便指为占据，且系办理地方公益，自可彼此相安"函复英领署，同时请求"通融办理"。

这样软弱无力、授人以柄的外交辞令，立即被英领钻了空子，马上来函说："据请通融办理一节，本领事尤无此权，如请通融，非饬搬离亦无可商之处，希即限该救火会赶于一礼拜内务必移搬别所，如再迟延，定即照会督宪严办。"此讯传出后，救火会直接上总督一文，着重指出："根据租约，明载天安寺双江台后面空旷山园租与英领事建造，四至亦经详列，是今日之英署即当日之空园"，又该约尾载："寺后门户，应行堵塞，领事署另行开门出入。""寺后之门尚不得出入，寺内非英领租地已无疑义。再，英领租地是在咸丰年间，而此寺于光绪庚寅年经仓前乡董重行修整，有碑为记。倘此处系英署租地，则修整时必被阻挠，其中道理不辩自明。伏思天安寺系闽中公产，英领所租之地，乃寺后空园，两不相涉，如迫令救火会迁移，则不啻默认该寺为英领所租之界址……确凿的租约，尚不足为凭，则后此交涉不知以何为根据。"于是督署又指令洋务会办吕渭英、福州分府支恒恭及绅士林炳章等到寺复勘，佥以界址分明，据实上复。洋务局再函英领事："租地界址，应以租约为凭，贵领前次抄送租约，载明天安寺双江台后园围墙内空旷山园两段，东西南三面均以围墙为界，北以内围墙为限。

藏六庵松风堂在内围墙之外，证明寺后门路应行堵塞，英官署另行开门出入等字，可见英署所租之址在天安寺后之空旷园地，寺内之藏六庵并无统租在内，显而有征。且该寺供有万岁牌，官禁不能住家，自无租与贵署之理。今贵署谓已租用五十余年，不知租约之外有无别项凭据？且既系贵署租用，何以贵署文案曹氏兄弟住居藏六庵三十余年皆向该寺住持僧纳租，此节又不可解。检查租约，悉心细核，并调查往日实在情形，当必有以破解怀疑，和衷了事也"。此函措辞，比较明彻，可是英领不予理睬，转向总督纠缠不已。总督饬洋务局从速结案，勿再拖延。而洋务局即转请宪台查案核示，一体驳复。就这样此推彼诿，尽在不着边际的公文里兜圈子。这充分说明当局一面慑于英领蛮横态度，无法应付，一面又怕激起群众公愤不好收拾，因此各怀鬼胎，谁都不敢做出决定。

中间更有使人感到痛心的情事。在救火会与英领僵持时期，竟有现任吕观察（渭英）和支司马（恒恭）二人出面劝救火会暂时迁离天安寺，或更换名称，以缓和英领的逼迫。该会召集各界开会公议，一致认为："租约确凿尚无理要求，口实既贻，能保不公然强占？如果暂时迁徙，则英领必据为成案，是救火会迁出之日即天安寺失地之时。"当场答复不能屈从，请执约力争，以保主权。这两位父母官扑了一鼻子灰，只得嘿然而退。但英领事则向我方进一步逼迫，同时嗾使领署人员逐步向寺内实行侵占。

当时主持桥南各社团的中心人物，多半是孙中山先生领导下的福州同盟会中坚分子，他们觉悟高，有坚强的斗争性，认为本省官吏对本案的处理是不可依赖的，因又联名向中央外务部申诉，除沥陈本案事实和交涉经过外，文中有："以福建之公产，办福建人之公益，官吏当尽其保护之义务，外人自敛其吞噬之野心，乃曹士元狡比城狐，已官箴之有玷，张泉泉身为虎伥，复人格之无存，致使公法弁髦，英公使听肤受之诉，两端鼠首，交涉家存姑息之私，此地为戒，谁尸其咎……请准派员莅闽查勘，以存公产，拒绝侵占。"此呈发后，很久没有得到下文。大抵过去所称的外交家，对外交涉事项，不是与外国签订丧权辱国的不平等条约，就是把案件有意识地拖下去，不了了之。此案是非曲直，十分明显，但拖延年余不能合理解决，实在令人齿冷。

此时当地报纸不断把交涉情况及时披露，同时救火会也将全案经过印发了《福州英领事混争天安寺纪实》的小册子分寄省内外，请求援助，争回国权。首先是上海环球学生会特举代表陈丙台回闽协助，省外福州同乡会也函电交驰，互相声援，于是激起了各界社团特别是青年学生、码头工人以及商店店员，群情激奋，以罢市、罢工的实际行动来推动政府进行强硬交涉，以绝英人吞噬的野心。学生张希瑜、施秉政等人为首组织"反抗英领事侵占天安寺地址宣传队"，各执旗帜，散发标语、传单，沿途宣讲，听者动容，同声抗议，一时全城群众情绪激昂，如决江河不可遏止。消息传到北京后，英国驻华公使特派参赞英斯克兼道来闽，调查真相，并约会当地社团代表，同往天安寺作了十分精细的履勘工作。核对租约及图说以后，在人证物证无可指驳的情况下，该参赞面红耳赤，无词可答，同时鉴于中国民情不可侮，为缓和中国人民的反英情绪，当即承认确有侵占行为，据实报由驻华公使电令驻闽英领立即恢复天安寺界址，归还救火会，轩然大波遂告平息。

本案自发生至结案，历时一年又三个月之久，此时已是宣统元年九十月份了。这个胜利是近百年来对外交涉案件中所不易得到的一次胜利，所以值得追记。

《清末福州三教案》

❖ 萨兆寅：乌山上的斗争

乌石山在九仙山的西面，高一千一百余步，周三千三百余步，和九仙山同样有很多光辉的历史。清道光三十年（1850），福州人民为反对英帝国主义者无理占住乌石山积翠寺开展了斗争，再接再厉，坚持三十年，最后集合群众数千人拆毁了英人在乌石山建筑的房屋，把它驱逐搬走。1921年中国共产党成立后，党的基层组织就曾在乌石山师范学校建立，开展革命活动。乌石山上风景特多，如凌霄台、香炉峰、蟠桃坞等处，过去每年重阳登高，游人络绎如织。山上摩岩刻石林立，其中以唐大历七年（772）李阳冰写的"般若台铭"为福州最古的石刻，这是全国著名的石刻，它和处州"新驿记"、缙云"城隍记"、丽水"忘归台铭"，共称四绝。

《三山两塔》

❖ 萨兆寅：历经战火的于山

▷ 1911 年辛亥革命后成立的福建军政府

　　九仙山在市中心区的东南，一名于山，高一百十五步，周围三百十步，和乌石山对峙，福州人民曾经好几次在这小山上与侵略者和统治阶级展开斗争。远在元朝，福州人民曾经一次相约在于山上放烽火为号，一齐出动向元朝统治者进攻，可惜这次起义因事机不密，没有成功。于山绝顶的揽胜亭，就在这次放火的时候延烧了，至今废墟犹在。明代抗倭战争时期，福州人民在山上建筑炮台，下临山南绝壁。当倭寇进犯福州，屯营近郊，人民群集山上，发炮攻溃了敌垒，保全了危城。

　　嘉靖四十一年（1562），戚继光统兵入闽，从福宁、宁德经罗源、连江，一路追击倭寇，直捣福清牛田的敌垒，又进而围歼转据莆田林墩的残敌，奏凯回至福州，登上于山平远台，举行庆祝的"饮至"典礼，勒石纪功。平远台在于山的正面，是全山第一名胜。福州人民为纪念戚继光抗倭的功绩，还在平远台建了戚公祠。清末辛亥革命，福州光复的前夕（1911年11月8日），革命军也是首先携炮抢上于山，向清朝将军衙门和清军驻防的地区炮击，清军从于山九曲亭一路反扑，企图抢夺炮台。革命军奋勇截击，最终把它击退，胜利光复了福州城。九仙山上的战迹是值得福州人民自豪的。山上还有九仙观、金粟园等遗迹，也是游览的好所在。

《三山两塔》

❖ 潘守正：福州城的辛亥起义

十九日拂晓，我队开始进攻，于山炮兵首先开炮命中将军署，敌人惊慌失措，同时郑祖荫举同盟会贺战胜黄旗率领总机关部同志，护以学生队、体育队进驻城内津太路武备学堂。黄乃裳举彩制十八星红旗，由总机关部率领体育会员100余人，南台商团团员100余人、学界30余人，合计300多人，进驻城内花巷总司令部，后即散开各要冲地点，准备协助部队作战。而红十字会则从南台开进城内双门前狮子楼下（今八一七北路救火会钟楼），担任医疗护理工作。敌方在将军署被炮击后，驻在法政学堂的捷胜营乃拼命枪击我于山炮兵阵地。我军伤亡十余人，开炮击毁法政学堂，并中及高节里叶姓花厅，发火延烧。敌方又由杀汉团文楷带冲锋队从吕祖宫冲至八十一阶，集中安奶庙，另一队从太平街山麓白塔寺蜂拥登山，谋夺大炮。我炸弹队不断投弹，旗兵退却。我军率大队下山，从鳌峰坊、仙塔街、旗汛口合围旗界，敌军势益穷蹙，无力抵抗。

正在早晨双方激战时候，郑祖荫以在津太路武备学堂迫近战地，指挥调动不便，又同总机关部革命同志暂退出城，齐集上杭街建宁会馆，旋即迁回桥南社总机关部。总机关部一面鉴于将军朴寿派放火队几十人，身存九头龙之类到处放火，乃派陈樵等调遣消防队驰赴旗汛口一带扑灭火警；一面以军政府都督名义，急电长门炮台统领陈恩涛派兵400名，大炮四尊，赶来助战，又派程拱宸、林步云趁轮驰赴马江船政局，将旧存枪械子弹，悉数运至总机关部，接济作战，革命党人和一般军民勇气百倍，大力遏止旗兵突围。

自晨至午，两军激战相持不下，最后盘踞法政学堂的敌军被我开炮毁灭阵地，伤亡惨重，加以九曲亭、太平街敌军的屡次反扑均被我军痛击，狼狈逃窜，计穷力尽，只有求降一策。

中午12时，敌军竖立白布降旗于水部城上，上写"将军出走，停战议和"。我军认为诚意不够，仍然继续炮击。敌方又竖第二面降旗在于山天君殿前面榕树上，写"请求停火，全部缴械乞降"。许崇智总指挥巡察阵地，见白旗飘扬，下令暂停炮击。旋有武备正科第一期毕业生吴振翔因与孙道仁、许崇智有师生之谊，代表敌方，手持白旗，上写"献械乞降"四字，后随挑夫数人，扛步枪、机枪数担，求见许崇智总指挥。当由前哨引至总指挥部，许接见之后，准其所请，派排长陈金魁同往蒙古营前副都统明玉家招抚。去久未回，又派工兵营队官王嘉凯赴旗界侦察。少顷，陈金魁、王嘉凯督敌方官兵出水部门至南校场，呈缴无机柄枪杆及子弹很多。

是日傍晚，将军朴寿逃入蒙古营明玉之家，我炸弹队青年刘德观、李善进等协同新军焦子芳、张祖汉、黄震白等10余人，将其生擒交湘军押送于山，翌晨毙于观音阁丹井旁边。朴寿毙后，旗兵投降者更加络绎不绝，战事才告结束。

是日清晨4时许，总督松寿以大势已去，微服山署至盐道前高开榜画店吞金自尽。司令部为之棺殓，置柩于督署花厅。都督孙道仁于九月二十五日在大墙根荔枝园开会追悼，表示只除罪魁朴寿，推翻腐恶政府，满人一律平等。松寿之柩，十月七日运回原籍，布政司尚其亨、按察使司鹿学良、提学使司姚文倬、劝业道张星炳、福州知府曹垣等以及其他旧官员不愿留闽者，听其回籍。

▷ 白塔寺

▷ 1912 年 4 月 20 日孙中山与为旅闽同乡会合影

是役我军阵亡13人：执事官兰炽昌，排长江道淼，将弁王麒年，工程队排长林国政，兵目文连升、陈星、林宝星、蔡家纯、张辉煌、唐金春、曾海滨、朱泉香、刘宗忠等。炸弹队伤亡最烈者为青年王清铨、王耀西二人，因误入旗界，被旗人捕获，剖心碎首，抛尸河内。江义侯中弹阵亡；王杰功受伤。

敌人死亡280多人。镶黄旗协领兼营务处总办煊十九夜自缢身死，正蓝旗参领兼捷胜营管带长志投井被救，后出家为僧，捷胜营队官郎乐额三个兄弟及全家男女十多人，以煤油浸湿棉被扎盖身上，举火自焚死，翻译官何芝田家全投于蒙古营纱帽井，被救者只男女各一人。

九月十八夜起义，十九日从鼓楼前、南街一直到中亭街、中洲、观音井一路，商店店前不但备有茶水，而且间有稀饭、食品等，供给军队和革命同志吃用。于山、乌石山、越山山下居民，也有自动送粥饭和茶水等等，给山上军队和革命同志吃用。革命军队纪律严明，对民间未曾取用一钱一物，军民团结，万众一心，为争取革命胜利而奋斗。

《辛亥革命在福州》

❖ 李乡浏、邱思颖：民谣中不屈的民心

辛亥革命以后，由于资产阶级的软弱性和不彻底性，屈服于帝国主义及其走狗北洋军阀的压力，开始与袁世凯搞什么"南北议和"。福州民谣有唱：

民国已统一，兴汉灭满清，
袁世凯当"总统"，黄袍又加身！

还有一首："横商量，竖商量，摘下果子别人尝。今也让，明也让，让给'老猿'称霸王。"如果说前一首揭露的是"袁世凯当'总统'"只是骗

局，"黄袍又加身"，搞帝制复辟，才是真的，那么，后一首的"老猿"指袁世凯，语谐双关，把窃国大盗的本性，昭然揭露。当然，也表示对革命党人"横商量，竖商量"，"今也让，明也让"的软弱无力状态的不满。

福州还有一首民谣：

赶了清虎来袁狼，怎能讲和对虎狼。
革命换汤不换药，苦累百姓再纳粮。

革命的果实，被袁世凯所吞，歌谣流露了人民的失望和忧虑，多少也批判了"换汤不换药"的革命是不可能救国救民、振兴中华的。当袁世凯摇身一变，黄袍加身，爬上皇帝的宝座时，北京民谣唱出了封建帝制复辟是短命的："五色旗，没有边。袁世凯，没几天。"

而福州地区流传的长乐民谣也有：

腌菜插花瓶，生死不明。
袁世凯坐朝，死明死明！

从"腌菜插花瓶"想到"袁世凯坐朝"诙谐成趣，寄以辛辣的讽刺，显示了民间歌谣的战斗性和艺术性。

《辛亥时期福州民谣》

❖ 郭公木：五四运动在福州

五四运动的消息很快地传到福州，福州学生起而响应，由中等以上学校的学生李述圣（协大）、章于天（二中）、毛一丰（私法）、谢翔高（华侨中学）、王赓年、陈锋（师范）、方日中（公法）等出面联络，在公立法政校舍开会讨论进行步骤，决议照北京学生通电所定的5月7日集会游行。北京学生所以选定这个日子，因为那一天是1915年日本向袁世凯提出二十一条最后通牒的四周年纪念日。由到会的人分头通知各校学生妥为准备，7日早晨齐集南校场（今五一广场）开会后示威游行，每人手持一面小旗，上面写"惩办卖国贼""释放被捕学生""废除二十一条""拒绝和约签字""抵制日货"等标语，由城内游行至仓前山，沿途高呼口号，声势浩大，阵容严整。当时本省由北洋军阀李厚基任督军兼省长，他派遣大批军队、警察布满街衢，监视学生行动，阻止游行。但是在当时的情势下，他看到北京运动浪潮正蓬勃发展，而福州的群情又这样愤慨，不敢即加镇压。当游行大队走过督军衙门请愿时，李厚基只好派人接见，允向北京政府转陈，游行暂告结束。

《五四运动在福州》

❖ 张宝骐：海军学校的学生罢课

上面说过，学校大权由校长独揽，而校长又授权秘书处理，如何管理学生，如何制定教学计划大纲，大半出自秘书孟守庄的主张。孟封建习气浓厚，只考虑个人权位，对学生的进步思想，尤其是爱国热情，更是极端反对的。而直接管理学生的佐理官李寿川与学监梁同怿日沉于酒肉，事事敷衍。受此影响，少数学生跟海军界一些腐化败类去戏院捧场，荒废学业。当时船政局长陈兆锵，为加强他创办的英文飞潜学校的力量，也处心积虑要结束法文制造学校，因此找借口反对聘法国教授。这使得学生们顾虑更多，怕学不到多少知识，前途渺茫。

在教学方面，总教官杨济臣（前学堂第三届毕业，留学没有成就回国）也兼一、二科课程。担不起对教学的领导责任，采取放纵办法，优良的学生尚能凭自学钻研、互相帮助来提高学业，比较散漫的学生只能浑浑噩噩，浪费时光。为保住饭碗，又要学生能考好成绩，怎么办？杨总教官和一些腐化教官，甚至发展到透露考题。还有一个教官林蔚萱，是制图教员，法文很差，依仗其弟为海军司令的势力，滥竽充数。他知道学生对学校意见很多，怕闹事危及个人地位，就一再大放厥词，散布"就业不必靠学问，有门路便可以升官发财"，劝学生躲在学校混日子，不要苛求好师资，等等，激起进步学生的无比愤慨。操练官萨君泰有名无实，日夜沉迷于赌博，叫学生自己操练。军需官廖温玉，克扣学生伙食费，以资同类酒肉享受。学校管理、教学的混乱和腐败，使进步学生认识到非下决心来一次罢课抗议，不可能打破这黑暗局面。

罢课在甲班酝酿。乙、丙班，丁、戊班，也都有不少同学支持，在罢课中可资声援。

1919年初开始准备，做了许多周密的部署：

（一）搜集揭发材料，组织几个小组，起草控诉文章。经全班22人反复讨论、定稿（还经过福州文章泰斗何振岱修改），控诉正本先期向海军部呈递，估计在学生离校当天晚上到达北京。早了怕他们会电令阻碍罢课，迟了怕他们对罢课原因不明了，因此时间要配合好铁定不变。

（二）呈控对象包括校长、佐理官、学监以及军需官、操练官和部分教官，历举有实据的恶劣腐化行径，全文万言，全班22个同学均能背诵，说明他们均系罢课的主谋，使学校不多追究。

（三）马尾码头驻扎有巡防队，离开马尾要乘搭轮船。上水轮船均来自下江。马尾是中途站，停留仅几分钟，而且没有泊码头，还要有小舟盘渡。出校门及避开巡防队，还要换穿便衣（在校要穿军服）。至于离校后各人行李如何保存，出校向当局要作什么交代等问题，也都做了细致考虑和部署，决定：

（1）离校时间与轮船通过时间要紧密衔接，才不会受军警阻碍。

（2）计算当天潮水时间刚好午餐毕，闻笛声（在罗星塔附近）速换便衣，整队，向学监投呈控诉书副本，出校，向码头冲进。

（3）每人都秘密委托一可靠在校同学，一出餐厅即跟随到宿舍，在瞬间将所有东西拿起妥存，此时储存室开门，将存室箱箦全部改换名字。

（4）备好小舟在码头等候，队伍一到即可登舟，轮船也预先打好交道，一上船即开足马力疾驶，一路不作停留。福州海关埠也预先备好小舟接渡，不去台江码头，先集中新太记洋行（外商可避免搜查）。

（5）由大东发电报海军部：全班已离校，请求惩办学校恶劣教官，以及善后问题。

（6）到达福州，即集中于山戚公祠不回家。

罢课开始那天，同学们一离开校门，学校即恐慌万状，校长打电话向船政局报告。局即派出一排巡防队赶赴码头，阻截已来不及。海军小火轮升火追赶也是来不及的。到轮船赶到台江汛，学生们已由海关埠上岸。立即派队到学生家中，也扑了个空。

海军部当天接到控诉书，紧急来电指示制止学生罢课。学校尚未电报罢课，而海军部又雷霆般来电斥责学校，因此局长、校长以及全校教职员均感棘手与惊惶。局长陈兆锵拟查究为首学生，派出马翊昌、韩孟杰二员（前学堂第七届毕业），作中间联系人，对学生采用威胁、利诱、势逼、游离组织等办法，要求返校复课，都不能奏效。在戚公祠开了几次会谈判，相持了一两个月。对富有正义感的青年学生，海军部自不能加以苛责。最后，海军部以学校劣迹罪证如山，决定将校长、佐理官、总教官、学监、秘书及部分教官撤职，争取学生回校。并派军学司曾宗巩（幼固）为临时学校护理人，改组学制，学生乃全部回校。此次罢课的动机极为纯洁，社会上对这22个青年也寄予同情。

罢课胜利后，有的同学自动离校，留法、留比或留学于越南河内，有的同学就业铁路，余下12人，完成专业课程二年毕业。乙、丙研也有同样情况而结束了学业。

罢课结束后，丁、戊班改学英文，转为航海科，大多数在结束中级课程后，转入国内外大学或就业。剩下学生不外22人。

《船政教育　薪传不绝——船政学堂及其系列学校》

❖ 王凌：福州议员拒绝曹锟贿选

1920年，皖系军阀失败，"安福国会"被解散，直系军阀曹锟把持北京政权。他以召集民国二年的国会、恢复临时约法为标榜，暗中以五千银圆为一票贿买国会议员，诱骗他们选举自己为总统。当时，不少议员在威胁利诱之下，接受贿赂，丧失了革命气节。而外祖父（郑忾辰）与林森先生等五位闽籍国会议员，激于义愤，拒不出席国会，毅然回到家乡。但曹锟不肯罢休，他通过军阀爪牙，令驻融旅长姜明经，转交五千银元贿金给外祖父。姜明经接款后，深知外祖父的为人，不敢轻易转告，于是心生一计，专程邀请外祖父到福清县豆区园风景区相会。外祖父不知底细，欣然前往。叙谈一阵之后，姜明经突然起立拱手向外祖父说："余奉上级命令，转给您大洋五千，望笑纳。"外祖父登时拂袖而起，严词质问："我一生清白，不收来路不明之物。这款从哪里来，还退回到哪里去。"姜旅长为外祖父的凛然正气震慑，只得如实回禀曹锟。这段历史佳话，更增添了外祖父在家乡人民心目中的声望。

《怀念辛亥革命先辈、我的外祖父郑忾辰》

❖ 郭公木：学联会抵制日货

福州为省会所在地，是全省交通枢纽，具有条件良好的市场，日本商人麇集城台，同当地奸商勾结，日货充斥市场，以各色花布为最大宗。学联会成立后，以宣传爱国主义和抵制日货为中心工作，一面组织"全闽学生日刊社"，编印宣传性刊物，尽情揭露帝国主义的侵略本质和军阀政府的卖国罪行，起了积极推动作用。一面设立"日货调查部"，对市上日货作严密调查，分组前往城台各商行认真盘查鉴别，确系日货即予以登记，听候处理，但不得再进新货。同时向群众宣传不用日货的爱国意义。福州妇女本来喜爱花样翻新的日本花布，通过宣传教育之后，相率改用国货。当时本市生产一种土布，名曰"爱国布"，销路甚畅，风气为之一变。

经学联会进行爱国宣传和严格调查后，绝大多数商店自动不再买卖日货，但间有少数奸商唯利是图，阳奉阴违。当时舆论，公认资本雄厚、与日本浪人勾结最深的有三大奸商，即黄瞻鳌、黄瞻鸿兄弟和号称福州面粉大王的陈鸣岐（后被锄奸铁血团暗杀，这个团是林寿昌等人组织的，与学联会无关，有人认为属于学联会的系统，那是错了），及福州电气公司经理刘崇伦等。黄瞻鳌兄弟是义序乡大地主、大资本家，在南台上杭路开设恒盛布庄，执福州商界的牛耳。黄瞻鸿是福州商会会长，和当道李厚基，俞绍瀛（福建省警务处长兼省会警察厅厅长）勾结很深。黄瞻鳌儿子黄如璧充当日商铃木洋行买办。他们只知个人利益，以为这个时候人们不敢买卖日货，正是发财机会，利令智昏，变本加厉地进行日货营业。市上盛传瞻鸿兄弟办米出口换回日货大发横财。

6月14日，学生会日货调查部查悉该店新近进了大批日本布匹，由学生代表王赓年、黄宗玉（二中）、林振中（青年会中学）等前往商会与黄瞻鸿交涉，要求调查该店的日货，并劝告他侄子黄如璧辞去日商买办。商谈好久，黄瞻鸿总是设词拒绝，不肯接受，还备了酒席，留学生代表午饭，企图杯酒言欢，保持日货贸易。代表们态度严肃，不受接待，回到学联会报告。下午有学生十余人再访黄瞻鸿，但他避不见面，等了二三点钟，黄在后院被学生发现，遂与谈判，要进行调查，将所存日本布匹就近移存福州布帮组织的"三山布帮公所"暂勿售出。黄瞻鸿不仅不肯答应，反而由该会坐办柯洁如（后被锄奸铁血团暗杀）和法律顾问陈光（律师）以所谓营业自由来斥责学生。

正争论间，黄瞻鸿玩弄官僚、奸商常用的一套手法，阳则允许调查，暗中派人通知该店严阵以待。学生到达时，店门紧闭不许入内，一面用电话以匪徒抢劫捏报政府。学生大为愤怒，翻墙入店。店中早有准备，竟敢围殴学生，时有吕六六者（当时传说不一，有的说是蚕业学校工友，有的说不是学校工人）受伤毙命。军警旋即赶到弹压，督军卫队营机关枪连连长王献丞，人称"王歪鼻"，他粗暴地要枪杀学生代表，后经劝阻，学生才免于难。辗转交涉，直到夜半，由省会警察厅长俞绍瀛出面，负责将负伤学生送往医院医治，明日再议善后，学生群众暂且退回。

次晨，学生方面得到消息，恒盛布庄于学生退去之后，把贵重的日本布分装多个木箱搬运出店。因为门口尚有血迹，其中恐有移尸灭迹的嫌疑，学联会多方侦查不得真相。适报纸登载教会所办的孤儿院学生某某失踪的消息，一时传说学生被杀害，于是各校学生愤怒至极，立即罢课，商店也一律罢市，表示支援。下午学生集队向省议会、地方法院请愿，要求缉拿黄瞻鳌兄弟到案法办。议会、法院对学生爱国运动根本上是反对的，且在军阀李厚基淫威之下，更是不敢也不肯替学生说话。请愿学生忍饥挨饿，不肯退散。这种斗争的精神，激励了商人群众，纷纷送来面包、糕、饼、汽水等食物，其中以谢万丰、美且有、东方汽水厂送得特多。

到了傍晚，政府布告称："查有乱党数千人捣乱治安，目无法纪，应即拿办"云云，逮捕了学生代表谢翔高、陈锡襄、卢富文、章于天等4人。学生群众没有被吓倒，且有部分学生跟随被捕代表到督军署去，又被捕15人。尽管反动军警当场拘拿学生代表，而大队学生仍然屹立不动，并且加上一个新的条件：迫切要求释放被捕学生。政府增派大批武装军警，把这两处的请愿学生全部包围起来，除迫令女生回家外，所有男生一律被围禁在三牧坊省立第一中学（今福州一中）。各校教职员齐集教育会讨论营救办法，推选代表进谒李厚基，李拒不接见。与此同时，全闽学生日刊社也被封闭（学生日刊被迫停刊后，另换一个方式，发行学术周刊）。卖国政府压力愈重，愈激起人民群众的愤怒，工人、船户和手工业者相继罢工。黄氏经营的大兴春、懋源酒库的工人也不做工了。市郊的农民也不进城卖菜了。歪鼻子王献丞亲领马队，荷枪实弹，挨户强迫商店开市，在机枪刺刀之下此开彼闭，一片混乱状态。

福州这一运动，由响应北京学生而起，开始只有学生参加，以后事态发展，队伍扩大，有工人、农民和商人参加，形成规模空前的反帝反封建的爱国革命运动。学联会在工农商群众支持下，更是再接再厉，连日开会商讨计划。大家认为反动军警蛮不讲理，但对女学生还客气一些，尚有活动的可能性，因此鼓励女子师范和女子职业学校同学多出一些力，分成几个小组散布到大街小巷讲演，宣传抵制日货、惩办奸商和释放被捕学生等。同时，学联会以黄瞻鳌兄弟杀害学生和工人罪不可恕，正式具状诉于闽侯地方法院。黄氏兄弟藏匿不出，案悬不能进行，广大群众一致反映，不办奸商而办学生，真是暗无天日，继续罢工、罢课、罢市，表示反抗到底的决心。黄氏兄弟看到形势紧张，生怕事态再扩大，恳求萨镇冰出面调停，表示愿意接受社会制裁，捐款数万元（有说四万元，有说六万元）筹办工厂或其他慈善事业以求了事。时萨任全省清乡处督办，对兴办实业和慈善事业都很热心，黄氏兄弟认为这一央托定有成功的可能，萨老也自认为是最有资格的和事佬，挺身出面调停。结果，学联会以爱国事大，非金钱所能收买，予以拒绝，坚持缉拿黄氏兄弟归案法办。这一严正的表示，博得广大群众进一步同情。各界纷纷捐款表示支援，《福建时报》《健报》《求是报》等大量登载各界的正义主张，给予有力的支持和鼓舞。在这样的情势下，地方法院检察长李振铎只得发出拘票，准由学生代表王赓年带同司法警长前往拘捕，在潭尾街长兴茂纸行内拿到黄瞻鳌一名（长兴茂店东曾珊珂和黄家有姻亲关系）。

李厚基来到福建的时候，是一个旅长，由于海军总长刘冠雄的提拔，扶摇直上，由镇守使而护军使，最后爬到督军兼省长，加入督军团，在张勋复辟、段祺瑞解散国会两个时期都曾出过风头。他对学生爱国运动，主张血腥镇压，以博北京政府的欢心。但是，学生坚持真理，百折不挠，也不是易与的对象。他的军法课课长包伟（浙江人）看这形势非武力所能压服，力陈不可；李亦感到民众力量强大，只得放宽一步，责成俞绍瀛要由学生的家长和校长出具切结，保证今后不再滋事。俞是个奸猾官僚，立即嘱咐亲信职员伪造了一批保结去应付督军。弄虚作假是旧警界中人的拿手好戏，漏夜分向东街刻印铺刻了几十个印章，盖好假保结送由包伟呈阅，李批"姑准暂保"四字（去春我访问当年警察厅侦探队队长郑崇，他对我说这一段事实）。俞绍瀛喜出望外，驰往学联会磋商保释条件：

（1）释放学生谢翔高等19人；

（2）三天内拘缉黄瞻鸿到案；

（3）劝导城台商店开门。

议定后，省会警察厅即派出警察分向商店传达解决办法，并劝导开市，但各商店还是不肯执行。直到谢翔高等19人出狱，乘着马车过市，商家才燃放鞭炮庆祝斗争胜利，开门恢复营业。第三天警察厅也将黄瞻鸿送法院审理。但法院一本不得罪巨室的传统方针，故意拖延，等待时机。另一方面黄氏恃势，四面八方都有活动门路，鳌子黄步琼又是法院推事，关节更为灵通。报馆和律师公会原来都是团结在学联这一边，拥护正义斗争，后来经过黄家挑动，彼此猜疑：某人受了多少贿，某人态度变了，情况发生了变化。于是，地方检察厅遂于9月初旬以孤儿院失踪的学生已经回家（这个学生名林政表，外乡人，当恒盛店闹事时，他害怕波及，故走回家乡，数日后才回孤儿院），吕六六又非学校工友，片面认定系一乘机抢货的路人，黄氏兄弟没有杀害学生和工人的罪行，予以不起诉处分。经学联会提出不服上诉——再抗议无效。商家方面以黄瞻鸿破坏爱国运动，丧失了会长资格，要求商会予以罢免，黄亦提出辞职，改选郑守馨为会长，一场大风波就这样不了了之。

《五四运动在福州》

❖ 郭公木：台江惨案与斗争

南台是福州商业的中心地区，许多洋商都在这里营业，而日本帝国主义以福州是它的势力范围中的一个良好市场，因此住在福州的日本商人特别多。当时更有所谓日本籍民，就是甲午战后日本霸占台湾时，台人被迫而入日本国籍的。由于闽台的地理、语言关系，台籍浪人来福州的很多，他们经常受日本人驱使，为非作歹。在日本领事指使和包庇下，他们组织了一个"台湾公会"作为活动的大本营，经营烟馆、赌场、当铺和高利盘剥等不法营业。烟馆遍设城台街巷，多至一百多家，悬挂着日商招牌，公开营业，烟民通宵达旦出入不绝。当局害怕日商，不敢过问，因此台籍浪人日益恣肆，扩大营业地点，由南台而城区，甚至靠近省府的肃威路、达明路、盐道前等街巷都开设着多家烟馆。这样，连媚外的当局也觉得难堪，不得已派出警察站在烟馆门口，见吸烟的出来即予以逮捕，使烟馆的生意大受影响。籍民不仅没有敛迹，反而收买地方流氓进行抗拒，在烟民被抓时警察因无从提出吸烟物证，只得放行，闹了许多笑话，说明了当时政府的腐败无能和日商的不法嚣张。

爱国学生排斥日货，使日商营业受到严重影响。日本领事维护日本商人和籍民不法营业的利益，视学生为眼中钉，策动组织"敢死队"，由台湾银行拨款3000元作为经费，规定如因此伤命，除向中国官厅交涉赔款外，并给1000元抚恤费，又令博爱医院预备绷带、伤药等分给各人备用，并向大桥头等处旧货摊购买铁尺、小刀、木棍等凶器，伺机发动。10月11日，他们凭空虚构，说日商瑞顺洋行于是日午后2时搬运烧寸（火柴）二箱，价值99元，经过中洲时被学生包围，强迫挑夫运至大庙山焚毁。日本人把这捏造的事实写成新闻稿，投到当地各报馆。《福建时报》《健报》等知无其事，均置之不理，惟《求是报》失于检点为之刊登。很快地，《求是报》经查悉后即予以更正。尽管如此，日本总领事竟执以为证，函向福建交涉署提出三项要求：

（1）逮捕处罚暴行学生之全部；

（2）赔偿被害者99元，如暴行学生无力赔偿，其款由福建政府代赔交还本领署；

（3）福建政府对于此等暴行学生之行为须确保其不再犯。

原函最后一段称："现在福州之帝国臣民对于兹事愤怒已甚。将来倘遇到学生等不法行为，两国人民激起冲突，不幸在路上见流血重大事件发生，无非贵国官宪取缔排日团（指学生爱国运动）不充分，肇成学生等不法行为，本领事全然不负责任。特予声明。"

这说明日方早已蓄意杀害学生，造成流血事件，预为卸责的阴谋。交涉署根据以往交涉的经验，深知日本人一贯玩弄卑劣手段，预料将来必有事故发生，针对复函中的末段特别声明："倘此后贵国人民遇有此项滋事生端之人，自应报知巡警立即取缔，或报知贵总领事转达，不得自行藉端生事。"

日本人无视我交涉署的警告，按照原来布置，于11月16日下午出动"敢死队"十余人，携带手枪、刀、棍从仓前山陆续过桥，分作三队。一在大桥头，一在坞尾，一在安乐桥，以中亭街日商和平洋行苍霞洲台湾公会、坞尾琉球会馆为聚集所，由日本警察署长江口善海任总指挥，密派侦探多人分驻各处瞭望。省会警察厅侦知情形有异，即饬第四署加派警队分途巡逻。是日适逢星期，下午5时左右，有青年会中学学生黄玉苍、刘钟植、郑超皓回校晚饭，学生郑孝谦、育德学校教员杨尚慈由青年会查经回家，马尾艺术学校学生刘开祥因母病购药，均路经大桥头，被"敢死队"围住，用手枪、铁器、木棍打得遍体鳞伤，有的头部打破，有的脚骨折断，有的当场吐血，有的发肿。黄玉苍身带的台票（福州市上流通的台伏票）也被抢去。日本人其势汹汹，逢人乱打。安泰桥鱼摊商人朱依财出城接洽鱼货，遭受枪击负伤。清乡处工人陈金钿因往清乡会办黄公馆，路经该处也被殴致伤，并被拘留在和平洋行加以捆绑，原要再加毒打，以后知道是清乡处工人（清乡督办是海军上将萨镇冰，会办是武状元黄培松，都是地方显要），才允由警察带回。当日值班警察陈汉章和四署派来弹压的警士十名都被打得皮破血流，并被夺去马枪两支，警士史孝亮被手枪击中要害三处，抬往圣教医院抢救，卒以伤重毙命。警察的任务是和平弹压，故不敢开枪还击，只将开枪凶手日人福田原藏擒获，并收缴手枪一支，送往警署。

这里的行凶武剧尚未结束，田垱岗警又来告急。有一群日本人闯入顺记洋菜馆，一直跑到楼上，过路行人不明真相聚拢围观，这批日人即在楼上熄灭电灯，把该店的酒瓶、罐头、汽水及痰盂、花盆等纷纷掷下并开枪射击行人。警察赶到弹压，驱散行人，一面把守门口，擒获当场开枪的凶犯两人，一穿长衫，化装成中国人的日本人兴津良郎，缴获左轮手枪一支，一系日人三木小四郎，缴获小刀一把；并查明在楼上掷物并开枪的，是日本领事馆警察署长江口善海和外山元三郎、大森政春、片山清夫等七人。日本领事在不平等条约掩护下，派他的警察署职员诘毛井正郎等五人来到四署要求将大桥、田垱两批凶犯领回。四署唯命是从，还顾虑到人民群众不服，怕途中发生枝节，加派警长护送，把当场擒获枪杀我国人民、捣毁我人民财产的现行凶犯交日本领事照收。这真是奇耻大辱，及今言之犹有余痛。

▷ 民国时期的中亭街

16日日本人的一场暴动，凶殴我国学生、教员、平民、巡警十余人，顺记洋菜馆损失达三千余元。日人犹不满足，17日上午，籍民陈龙、蔡阿哥等在瀛洲道持枪追击商业学校某学生，该生逃入邮局，才免于祸。18日，又有籍民在台江汛持棍追击师范学生王衍，王跑得快才未被伤害。那几天台江成为恐怖地区，日本人遇见学生便打，有学生数人路经达道铺，见势不妙避入清乡处，医官王兆培给他们换穿长袍才得脱险。迭经交涉署函告日领加以取缔，但悉置不理。过了几天，即24日凌晨2时，台籍浪人李涂水在宁波船金源号上偷割麻绳，被船工陈莲莲等发觉后竟持刀反抗，该船工等将人证一并缴送四署。日领派诘毛井正男向四署索回盗犯之后，反向交涉署提出严重交涉，把李涂水因行窃被擒殴之事，诬为被学生围殴，企图要挟。查凌晨2时更深人静，何来多名学生，无理至极，交涉署忍无可忍，遂复一函，说："此案既经船伙等证明，本人亦直认不讳，供词俱在，自应归于法律制裁，不能任李涂水一面搪塞。惟贵总领事不加细察，据为张大其词，引为一大交涉案件，本特派员断难承认。"根据铁的事实严加驳斥，日本领事才不敢再强词抵赖，此后日本"敢死队"也稍稍敛迹了。

《五四运动在福州》

❖ 王井文：弱国无外交，民气作后盾

（台江惨案发生后，）学生联合会带头与各界市民一起抗议暴行，举行罢课、罢工、罢市。游行队伍还到军阀李厚基督军署请愿，要求向日方交涉惩凶和赔偿。先严为此写了歌词，交音乐教师谱曲，在游行中齐唱："呜呼我国耻，痛哉我省耻，台江惨案霎时起；学生被杀伤，军警遭毒手，满地疮痍犹未复；彼视我同胞，直如俎上肉。此番事，真奇辱。弱国无外交，民气作后盾，一致坚持在吾党！"省城各界传唱此歌。评话艺人还把"台江惨案"编成评话序头宣传演出，全市人民同仇敌忾。先严与爱国师生一道募捐慰问受伤者，设法抵制督军禁令。在全市人民坚持斗争下，福建交涉署照会日本领事要求惩凶赔偿。日本却派来三艘军舰在闽江口巡弋威胁，同时狡称在事件中也有五个日人受伤。先严又为学联会写了惨案真相加以驳斥，《福建时报》等各报皆也连篇报道揭露日方贼喊捉贼的卑劣伎俩，各界抗议不断。全国数十个城市纷纷召开国民会议通电声援福州，逼得北洋政府外交部只得向日方多次交涉。后来，闽江口日舰撤走，日本领事也调任了。经两国官员共同调查，直至1920年12月12日，日方才正式道歉并附送抚恤赔偿金2000元，了结此事。正如歌词所说，"弱国无外交"，全靠

"民气作后盾"也。话当年，先严曾感慨曰："国家贫弱，外侮必生；政府腐败，百姓遭殃！"

《弱国无外交 民气作后盾》

❖ 蔡耀煌：军阀混战，倒林拥萨

当粤军入闽时，徐树铮因安福系失势，故和粤军及王永泉联络，来闽活动。徐氏在闽曾著《建国真铨》一书，该书内容对政治、经济、教育、军事各方面都标新立异。他主张采取的制度，既与本国原有的制度不同，也和世界各国一般资本主义国家大异，对于教育制度，主张中小学生自由觅校求学，程度达最高年级标准时，入校受一学年的划一训练，然后参加毕业考试，给予毕业证书，这种学校称为末年学校。徐氏又主张在榕设立建国制置府，按照他的《建国真铨》的计划，次第付诸实行，这和粤军将领的三民主义主张，以及王永泉割据地盘唯我独尊的思想大相径庭。当时各方意见分歧，市面谣言百出，居民惴惴不安。十月底王永泉出面召集各界代表讨论政制，各方人士对这里制置府均不赞成，徐氏的主张被完全否定，他本身也就知难而退。

11月3日汪精卫来榕，在西湖公园紫薇厅公开演讲。8日林森出任福建省长。不久，粤军奉令反粤讨伐陈炯明，1923年（民国十二年）1月底2月初陆续出发。（粤军出发时，福州发生空前的拉夫巨潮，下面另述。）王永泉到榕后和粤军将领争权夺利，意见早有不合，到粤军离榕，直系军阀派周荫人军队来闽，王永泉向北洋军阀献媚。一般榕垣小官僚政客起初都和粤系要人联络勾结，这时也改变态度。2月8日，市内忽有公民会议之召集，会议通过倒林拥萨办法四项。所谓倒林是打倒现任省长林森，而拥萨是拥护萨镇冰继任省长。2月25日有自称公民代表的人沿途将预制的欢迎萨镇冰出任省长等标语的纸旗分发各商店，悬插门前。省长公署闻讯，令警察拔去纸旗，这天下午所谓公民代表一批人拥入省长公署，声言欢迎萨镇冰入署就职。那时粤军已全部开拔，林森失却靠山，但态度仍极强硬，不为所动，由警察将公民代表及一般观众劝散，26日，禁烟总局竟发出与林省长脱离关系的通告。27日省署发出布告，略谓"近有不逞之徒自称公民代表，造作谣言扰乱秩序，深感痛恨，自示之后，如敢再聚众骚扰，定予严拿惩办"云云。其实这些自称的公民代表敢于公然作倒拥表示，其背后当然由实力派王永泉指使操纵。林氏是一个光杆，态度虽强硬，终不能不走。萨氏是好好先生，素有菩萨之称，所以军阀乐于利用他做傀儡。他既登台，一般拥戴有功的小政客，各如愿以偿，分占各机关大小职位。3月6日夜，那些公民代表又举行提灯庆祝会，表明这次拥戴举动是出于民意。

　　到4月5日以后，周荫人军队陆续到榕，于是福建政权又落入北洋军阀手里，动荡半年的本省政潮遂告平息。王永泉在福州不论靠南靠北，都不能独当一面。周荫人军队到闽后，王氏虽仍率所部驻守省垣，但默默无所作为。到1924年3月6日，一夜之间被孙传芳、周荫人部队包围缴械，王氏所部因事出意外，故毫无抵抗，就于当夜微服出走。一般市民到次晨才知其事，于是循例悬旗对胜利者表示庆贺。

《李厚基离闽前后》

❖ 蔡耀煌：拉夫风潮，市民痛苦

　　许崇智、黄大伟、李福林等部粤军入驻福州不过三个多月，1923年1月初旬即奉令准备开拔返粤讨伐陈炯明。当时因需用夫役很多，该军内部既无输送队的组织，又以时间迫促，经费支绌，所以各社团都不敢负代雇之责，只好由军队直接向近郊各地拉夫，初以农民及搬运工人为对象，但因粤军来榕时从各县拉来的夫役一大批，沿途疾病死亡不少，痛苦情况早为市民耳闻目击，所以拉夫一开始，农民和其他体力劳动者都闻风逃避，军队在郊区拉不到人，只好在市内强拉。开始时只拉短衣赤足的人，13日起市民为避免被拉，故多穿长衫出门，当时路上穿短衣的已很少。14、15日穿长衫的也被强拉，甚至进入商店拉店员，16日城台商店不敢开门，如同罢市，酿成士辍于学、商辍于市、农辍于野的景象，而拉夫的情况仍在进行。近郊一带农民均闭门不出，军队竟进一步敲门入索。市内通衢连穿长衫的已都少见，那些身佩机关或学校徽章、头戴高帽穿长衫马褂的也成为强拉对象。近郊农民苦于无处躲存，18日晚北门外农妇一二千人入城请愿仍无效果。当拉夫风潮刚开始时，我以为是中学教师，当不致被拉，因之仍来往自如，以后也只得闭门不出以免麻烦。18日、19日两日，福州已成死城。市内垃圾堆积如山，加以雨后发酵，由发热而生烟，继而发火，几乎酿成火灾。20日福州士绅及各界人士以福州城市不仅百业停顿，且将酿成惨剧，故联袂向粤军当局要求改善办法。这天下午当局将自治军借口拉夫进行索诈的一个士兵进行枪决。21日起拉夫风潮才稍平息。下午，城台商铺次第开门，堆积的垃圾秽物也开始雇工清除，23日以后地方秩序逐渐恢复。

这次拉夫风潮，最初军事当局奉上峰命令备办夫役，后因被拉的家属看到夫役的痛苦与惨状，故千方百计托人向军队中的熟人说情开释，或出钱雇人顶替，很多常在路上献款，请求士兵就地释放，否则被拉到部队更加麻烦，下级官兵得此甜头，觉得是个敛财的大好机会，因此拉到一批，得贿后释放一批，出去再拉，一而再，再而三，始终拉不足额。以后因拉体力劳动者油水不多，就拉衣着齐整穿长衫马褂的脑力劳动者。最后，行贿释放的做法，渐由秘密而公开，穷人被雇顶替的钱额，定有划一的市价。

这次拉夫风潮，旬日间造成种种惨剧不胜枚举，有慈母因爱子被拉，而服毒自杀的。有被拉的家属因无款取赎，日夜哀哭于驻军门前，遭岗兵殴辱回家自缢的，耳闻目击的惨况难以尽述。就我亲眼看到的两事，深印脑中不能遗忘：一是拘禁于北门某处的挑夫一大批，一天伺隙越墙图逃，被防守的军士开枪当场打死二人，一是乡间一老妇来城寻觅儿子，探知被禁在北门某处，每日早晚守候在禁所门前，到军队出发，眼见儿子，随军挑担，急趋前拉住儿子衣襟啼哭不放，押运士兵用枪托撞击老妇胸膛，老妇被击重伤后，倒在北库巷口路旁，不能言语饮食，经六七天后死在该处，由乡人集资代为收埋。悲惨情况笔难尽述。

《李厚基离闽前后》

❖ 蔡耀煌：孙传芳福州被炸

孙传芳是北洋军阀中的后辈，但他善于纵横捭阖，因缘时会，不数年间手握重兵，成为大军阀之一。当1923年，孙氏统兵入闽时，气焰甚张，不可一世。1924年三月间乘王永泉不备，将王部包围缴械，他的声势更为显赫。这年5月26日晚，孙氏在榕遇炸，他本人虽未受伤，对当时的政治没有重大影响，但从此之后，他不免有所戒惧。现将当时情况略述于下。

孙传芳到闽后，受北政府任命为闽粤边防督办，仍以旧督军署为督办公署。该署是清代的将军衙门，民国以后本省军务长官以该署规模宏伟，都把它作为公署。该署位于福州市的东部（即现在省立医院院址）。东街，是署内人员出入必经之路。当时距东街口不远的地方有一个三山座菜馆（即以后福建日报社部分社址，现在是福建邮电管理局局址）。该菜馆临街楼上设有客座，可以凭栏俯瞰马路上的行人。5月26日那天谋炸孙氏的人探明当晚孙氏将应某方的宴请，便先期占坐楼上临街的座位，菜馆中人不以为意。等到下午7时许，孙氏偕署中人员分乘三辆汽车，风驰而过，楼上谋炸的人侦伺已久，以为孙氏定在第一辆汽车上，立即瞄准轰炸，轰然一声，马路被炸成一大壑，弹片四射，菜馆对面的水果摊里一店妇中弹立毙，第一辆汽车上的司机、副官也受轻伤，孙传芳坐在第二辆汽车上，闻变立即停车，由车内跳出，躲于附近商店里，令随从、马弁等一面将出事地点的首尾两端封锁，不许行人通过，一面电召督署派队赶来。不一会，督署卫队到达，将截留的过路行人及菜馆里的店员、顾客计有数百人拘入督署，漏夜审讯。第二天，先将一部分没有嫌疑的交保释放，剩下认为有嫌疑的店员、顾客以及路人拘禁后反复研讯，挨延多日才许陆续保释，始终找不到真正谋炸之人，被拘禁者无辜受累大呼晦气。缘三山座菜馆深邃广阔，屋后可以越过邻家通入太山巷，谋炸的人对于行炸后逃走路线早已成竹在胸，是以丢了炸弹之后，早从后面逃脱，鸿飞冥冥。因此这一案件终难破获。孙氏从此外出戒备更加森严，而三山座临街楼上的客座亦因此关闭。

　　这个案件当时未曾破获，因是揣测纷纷，难明真相。到了孙（传芳）周（荫人）失败，国民革命军东路军入闽，人们才知道当日是由林寿昌策划，指挥他的党羽所干。

《北洋军阀孙传芳在福州被炸》

❖　叶少鸣：商贾犹知亡国恨，官绅何忍看龙舟

▷　船尾装饰

1931年，日本军国主义者的铁蹄踏进我国东北领土，东三省（辽宁、吉林、黑龙江）相继陷入敌手，东北军民浴血抗战，老百姓扶老携幼流亡关内，流离失所的惨状，实不忍睹，可是国民党当局抱不抵抗主义处处退让，在后方还到处灯红酒绿粉饰太平。

当时福州人民敌忾同仇、排斥日货，各校学生也相继组织抗敌宣传队伍，激励人民爱国热情。但是一些官绅们还是纸醉金迷，端午节西湖中乘坐彩船观看龙舟竞渡。

此事引起旧西湖口怡丰酒库（即今西洪路怡隆食杂店）的掌柜李名贤先生的愤慨，他出于爱国热情，特书一副午时书，贴在酒库大门口。其句是："东省已沦亡，西湖犹竞渡。"句简意赅。这给当时粉饰太平的国民党官吏很好的讽刺。附近市民极为赞赏，传为佳话。

《商贾犹知亡国恨　官绅何忍看龙舟》

❖ 林植夫："闽变"发动了

11月20日在福州的南校场，即今日的运动场，开中国全国人民临时代表大会，我也被指派作一个人民代表，台上有很多代表，李济深、蒋光鼐、蔡廷锴（陈铭枢先生是日病了未到场）外，农工民主党的黄琪翔和陈友仁、徐谦以及冯玉祥的代表余心清等人都在，最使我注意的是萨镇冰老先生，当时他已经是七十六岁的高龄了，但他老人家由于富有正义感，因而反蒋，也参加了这一幕，我对他很表敬意，但他老人家不会夸夸其谈，我记得在当时的省政府，即今日的省人民委员会开会，请他发言时，他只简单地手指背后所挂的新旗，而大大夸奖一番算了。

当时大家都在争这个争那个，我明知是失败的局面，只要借此表明我反蒋的态度，所以我须担任何等工作不太热心，而且我从来对于地位就不大计较，很明显的事例，北伐时何公敢在总政治部做宣传处的上校处，我

▷ “闽变”前夕美国驻亚洲舰队随军记者拍摄的福州

▷ 1933年11月20日，中国全国人民临时代表大会成立之时的合影

两人一向齐名，而且我当时还是独立青年党的专任干事，大家派我同他一道作代表去南京，结果他只把我分配作一个上尉股员，我也默不作声，后来还是陈铭枢先生把我提作少校，因此国民党的政治部中乃破了先例而有少校的股员，我从来就是这种性格，可以看见别人那样起劲，自己更加冷淡了。但是后来文教委员会仍发表我做一名委员，何公敢也不好意思，而派我作了公路局的局长，我又只要是自己干得来的事情，也就不勉强去辞，不过前任局长所委那许多拿干薪不做事的人却被我全部取消掉了。

《闽变这一幕》

❖ 林植夫："闽变"后蒋机的轰炸

蒋介石最拿手的把戏之一，是用飞机轰炸。

12月23日、24日、25日连续轰炸三日。24日轰炸人民政府抛落一弹，但只有十二磅重，且未爆发，掉在旧省府礼堂，弹头还露在地面，三牧坊中学的操场中，也被丢下一个，我当时住在省府后面的达明路，前后门共落五弹，离前门不远还被炸死一个老百姓，吓得我的老婆都逃到西门街的外家去。第二日中午我去外家吃完午饭，警报又响，我爬上晒台去看，只看见蒋机轮番丢下好多个炸弹，同时前清的将军衙门那边，被炸时乃冲起一道黄烟，我以为是放毒瓦斯，事后巡视才知道是将军衙门的照墙被炸中，冲起来的黄土粉。沿街到处都丢下炸弹，温泉路被炸了几个小坑，人民被炸死的总有四十名左右。最使人发生迷信的是王庄飞机场口（现在是农场，当时是机场）有一间民居老百姓吓得爬伏床下，同时有一个屠户跑进去用被盖身睡在床上，恰恰房中丢落一弹炸开来，伏在床下的无恙，睡在床上的却炸死了。这是睡在床上的恰当弹道，伏在床下的乃不然，故而会一死一活，而死的恰是屠户，因此遂引起迷信了。

几乎每日都有空袭，当我们已决定退走的13日那一日下午，我们在陈铭枢先生的公馆中（就是现在的交际处）又有蒋机来袭，我们都在院中察看，胡秋原独躲进防空洞中。等得蒋机已去，我进去叫他出来，他一时还不敢就出来，等得出来之后老是摇头念说："这不是玩意"……我开始瞧他不起了。到了八一三全面抗战发生，他果同刘叔模等投入蒋介石的怀抱中了。

但是仅是13日那一日，也轰炸得非常厉害，我们走到峡兜，发现有两名士兵被机上的机关枪扫射死了。有一个还抱着枪坐在台阶上死去。到宏路后听说那一天峡兜被丢百余弹被炸死四十人左右。

《闽变这一幕》

❖ 何震：学生们的反饥饿运动

这个运动发生于五六月间，主要口号是拥护和支援教师，要求政府按月发薪，提高待遇，维持教师生活。开始时由省级各中等学校发动，罢课请愿，示威游行。运动中心在福州第一中学，这个运动是共产党主持的，当时已成为公开的秘密。省府教育厅在运动发生后，除要市警侦查并监视各校师生行动外，始终拿不出具体处置办法，风潮逐渐扩大，旋即市立中学和小学也发生罢课请愿行动。在运动进入高潮时，学生四出宣传、贴标语、散传单。记得有一天，我参加省府例会后乘车回市府，经肃威路转口时，远远看到学生的宣传行列向鼓西路前进，我马上招呼司机倒车以避，由于刹车不灵，碰到学生拦途截车，我即下车查询，据他们表示要借我的汽车贴上标语扩大宣传，我只得答应他们的要求，被贴上标语后他们满意离去。我回市府后洗去标语了事。当时市教师们要求在三天内发薪，结果市府向银行借款，商会担保，漏夜分发，一天半就发完。整个运动持续近一个月，后经教育厅决定提前放假并发薪，风潮才告平息，学生们的反饥饿斗争终于胜利了。

《蒋家王朝统治下的福州政治经济总崩溃纪实》

❖ 何震："八一七"前夜纪实

军队撤退不足为奇，可怪的是事前市府并未得到上级军政当局半点指示。傍晚，全市已临群龙无首的混乱局面，需要有个断然的处理，来应付突如其来的事态。至此我只得本着民众组织交给我维持地方治安的任务，下令各分局长在辖区内警察加班照常出勤，保安警察队扼守各要冲地点执行检查，严密防范，以防宵小骚扰市区，令电力公司透夜照常供电，电话公司随时注意接线，要市警察局督察长林寿涛整夜办公（局长周大标先已请假返德化），随时与各分局队及各方面搜集情况，我就在家中同林寿涛随时联系。约10时左右，得知大桥头十字路口来有武装齐全的部队在架设机枪，枪口向北，大概是掩护撤退的后卫部队，当令警察监视行动，随时报告情况。直到午夜该后卫部队也向桥南往峡北方向撤退。此时城内东门、北门方面都陆续发现有类似人民解放军的便衣侦察人员向南台前进，经过市府亦未进入。将近凌晨3时得知李奕勋师才由洪山取道沿闽江对岸向南台岛撤退，紧接着就有人民解放军先行部队进入市区，他们都是经南大街向南台挺进，好像对市区秩序都没有什么顾虑一样，衔枚疾走，紧追撤退敌人。这时整个市区鸦雀无声，灯火通明，人们都在睡乡中一若无事。天快亮了，部分追击部队经过万寿、仓前两桥紧追退敌，时有稀疏枪声断续不停。人们听到枪声后方知实情，大家异口同声地说："天真正亮了，福州解放了！"

《蒋家王朝统治下的福州政治经济总崩溃纪实》

第六辑

传统技艺，
最熟悉的老手艺

❖ 林传成：从南后街到总督后

由安泰桥至南门兜，旧时称为下南街，这里集中有"治牙病、拔牙、镶牙"等的诊所十家左右，玉雕、玉器店和刺绣店也各有近十家。

进入南后街时，过去人们可以看到十多家收购和售卖古旧书籍、古字画、碑帖（以书籍为主）等的书肆（书坊）。较出名的有"醉经阁""聚成堂""陆记胆""观宜楼""二酉斋""味芸庐"等，还有约十家左右专卖旧时嫁女用的陪嫁妆奁、俗称"桶石店"的店铺。可以看到"上元灯市中元塔，车马如潮涌后街"的元宵灯市和中秋塔市的盛况。在南后街的市面上还有专卖女鞋和制作铜器具并专为皮箱配制铜零件（如锁、合页等）等的店铺各十余家，以及七八家卖生漆的店铺。

南后街有一专门制售家具的小街巷叫"水流湾"，在不及半公里长的小巷中却聚集了60多家"闲假店"（福州称家具为闲假，故失业在家闲居的人，戏称自己在开"闲假店"），其中最为出名的为张宜康开的"德记"家具店。由水流湾转入雅道巷是专门进行收买和出售旧家具的地方。

在南后街北面的达明河墘（今达明路），是一个专卖旧衣（也称退衣或估衣）的地方。这条市街，古时靠东的一边全系住宅，靠西的全是退衣店，约有四五十家卖退衣的，还有一类是将自制的或低价选购来的衣服打成包袱背到熟客家中去兜售，人称是背"包袱包"的。

转入总督后（又称总督埕），因地处总督衙门周围（范围在今省府路和肃威路一节），往来的多是大官员，为了奉承风雅，适应这些人的需要，这里先后开设了古玩、古字画、古文物等商店，专营寿山石章商店，生产和经营驰名中外的脱胎漆器，以及软木画、机绣、"万家皮枕皆称盛"的皮枕店等等。这里的古玩文物店有十多家，而真正称得上"文物"的只"秀古

▷　南街的繁华景色

▷　福州城中商店街

斋"一家，其他以"骋怀庐"为代表的数家，都只有近百年内的古玩，没有珍品，算二流的。还有的"宜昌"为代表的也有数家，只类似杂摆摊的水平。总督后，专营寿山石章图的店家也有十户左右，这些人中多兼通诗画篆刻，出名的有陈寿柏、郭庆昌等。

闻名于世的福州脱胎漆器，与北京景泰蓝、景德镇瓷器并称为"中国工艺品三宝"，与雨伞、角梳并称为"福州工艺品三宝"，是在清乾隆年间沈绍安开创的，最早设店于双抛桥，当时规定"传内不传外，传长不传次，传男不传女"等，技艺为沈家所独擅，到道光年间，因各房添记设店竞争，各聘能工巧匠制作，因此技艺外泄。此时，总督后开始有外姓开设的脱胎漆器店铺，有福庆委、美中奇等十多家，虽技艺不及沈家，由于地道的优势，却能与沈家一争天下。在民国初年李厚基任福建督军时，准备为其母举办八秩大庆，美中奇老板卞宝荣预先赶制了一批大型的"麻姑晋酒""东方朔偷桃"以及珊瑚、如意等适合做寿礼的漆器，并贿请督署参谋长张桂山带头购买，于是其他人也纷纷效法购买漆器作为寿礼。美中奇发了笔大财，沈氏家族眼睁睁看着生意被人抢走，却无计可施。到了此时，沈氏家族也不得不下决心要占领总督后这块宝地。于是，除杨桥头"沈绍安·镐记"和老铺保持外，先后在肃威路、总督后开设了"沈绍安·乾记""沈绍安·德记"等，凭他们的技艺实力，自然压倒了其他杂牌货。

《鼓楼商业今古谈》

❖ 周哲文：民国始创木画工艺

福州的木画，是利用特定的木材，通过刀笔的手法，制成图画，在平面上把事物的形象立体地表现出来。它在工艺美术百花园中，是具有独特风格的一朵奇葩。

木画所用的原料叫作栓榆，通称软木。质轻柔而强韧，有弹性，又有浮力，一般作为瓶塞之用。原产于地中海沿岸，以葡萄牙、荷兰产者为佳。我国云贵高原亦产此树。把这种软木，分别雕刻树石、台榭、人物等等，胶粘拼组起来，点缀为整幅的山水风景画，工巧精致，像传统北宗的画派一样，富有写实主义的精神。

木画的生产工具相当简单，一把薄口的斜刃，用以切削；一把锋利的钢锉，用以琢磨；更主要的是几把用钢线打成扁、圆、尖三种形式大小不同的钻子，用以镌镂。人们所赞叹为"神工鬼斧"细若游丝的屋脊、瓦檐、栏杆、窗棂的"院本"结构，便是从这些特制刀笔勾勒出来的。

木画是近代新兴的工艺之一，历史尚短，只不过半个世纪。据调查，辛亥革命后二年，有人从德国带了一幅"木画"回闽，因它造型艺术非常特别，当时"福州工艺传习所"木雕艺人吴启棋，就想仿效这种制法。但经过试验，屡次失败。终于依靠群众，集思广益，不断钻研，才仿制成功。这朵艺苑的奇花，便长时期在福建的土壤上滋长繁荣，到了今天更加繁茂。

初期从事木画工艺的，多为福州市郊西园、岳峰、横屿等乡的农民，作为一种副业生产。所制作的成品，是按一定规格，把软木雕刻的东西作为配件，整批售与市郊术画商人，由其进行加工，胶粘拼组，布置全景，镶上玻璃框子出售。配件的产品，依工作的繁简，技术的巧拙，分为"特碑"（"碑"是福州的方言，本指石，这里泛称一般山水景物）、"碑景"、"普通景"、"图案"、"写意"、"卡片"六种。"特碑"是上品之作，将某种名胜按照片临摹缩刻得惟妙惟肖，这需要高度的技术。其他各项，则随手布局，不必十分拘束。

作为装饰、欣赏的工艺美术品的木画，由于新颖而有生趣，流行不久即大受中、上层社会的欢迎，销路日广。并作为馈赠的礼物，还大批地出口，倾销于西欧国际市场。可是过去木画工商业者，对于产品的质量、规格不甚讲究，因此简陋的产品充斥市面。有的画面上的布景不合情理，如梅花与荷花同时齐放；还有古代"东篱赏菊图"，天空上却有几架飞机翱翔。这些都贬低了它的艺术价值。

《福州的木画》

❖ 杨子贵：最富民族味道的油纸伞

　　福州有句俗语"包袱伞"，意即雨伞为出门人必备之物。唐宋以后，福州逐渐成为中国南方重要外贸港口之一，跟台湾各地的外贸往来与日俱增。出洋人必带家乡伞，于是雨伞漂洋过海，连洋人也喜欢上了。日本人喜爱的富有东洋味道的纸伞，原产地也在福建。是福建的纸伞，传到台湾，而台湾的雨伞，传到东洋（见香港《明报》）。在前清时期，制伞行业在福州已渐入盛期，全市伞店逾百家。

　　鸦片战争以后，福州作为五口通商之一，出洋的人日增，被卖当"猪仔"的、经商的、其他谋生的，都喜欢带上家乡伞。特殊的地理环境，促使福州制伞业愈益兴旺。到清末民初，全市雨伞店号最多时有三百余家，年产量达三百万支以上。这些伞店一般是产销联营的作坊，小者三四人，以家庭为主体的"夫妻店""父子店"甚多，大伞店也不过二三十人而已，以最大的"杨常利"号为例，进入雨伞旺季人数最多时，食者也不上"四桌"（48人）。

　　福州制伞业的兴盛，亦与民族自尊、爱国风潮有关。清末，洋货充斥市场，市面上开始盛行铁骨布面之"洋伞"，即所谓"文明伞"。由于欧西另一舶来品"文明杖"时为政界、学界、商界、文艺界所时髦，洋伞又兼"杖"之用，自然便成为畅销品，致使纸伞颇受打击。民国四年（1915），民众"抵制日货"运动日盛，工商界自发成立"促进国货公会"，大造"请用国货"舆论。根据形势要求，由"促进国货公会"牵头设计（主持人为海关帮办吴养贤），改良传统纸伞直柄为弯柄，便于携持，并干脆把传统油纸伞称为"国伞"，与洋伞抗衡，于是运销乃见畅旺。"国伞"之名称，一直沿用到20世纪50年代后期方渐淡薄。

《福州纸伞》

▷ 位于南门外的"请用国货"石碑

❖ 闻史: 角梳工艺，肇始榕城

福州角梳产品多为自产自销，稍大规模的通过货郎担帮助推销，大店家则经专门商贩转手销往外地。以前，省外各地仅制木梳，角梳唯福州一枝独秀，所以能在国内各地，如汉口、天津、上海、青岛、台湾等处畅销。国外则销往日本及新加坡、越南等东南亚一带。据说，东南亚橡胶园垦的工人尤其喜爱用福州角梳，有的人每天沐浴梳洗还非有福州角梳不可。角梳业老艺人们都说，这是由于福州角梳梳齿坚韧光滑的缘故。人们用它梳发时，感觉流畅，不刺不痛，还能止痒并产生舒适感。在鼎盛年间，李家的"三发记"还为销售专门作了协商；凡销往日本、中国台湾的用"李祥记"牌号，国内往北线去的用"李发记"牌号，往南一带及东南亚的则用"李厚记"牌号。

1933年，福州"润光厚"角梳店制作的"童牛牌"角梳，出展美国芝加哥百年进步博览会，与福州雨伞、福州脱胎漆器，同获大会最高金牌奖，誉为"福州三宝"。福州角梳业一时名声大振。这一年，福州角梳产量约283万支，产值达123亿元，为历史上产量最高的年份。

福州制梳业十分讲究技术和质量。选择原料时，绝不用杂角、死牛角、大黄角，唯选质地坚实、不易弯裂、不伤皮肤的水牛角，选蹄也只取生性水牛蹄。经锯、开、劈、锯、凿、流、打坯等工序方制出初坯；又经改、办、复、剔、磨、梳等工序后，制出梳子来；再由技术工人按梳势在角梳上印字，描上人物、山水、飞禽走兽，或再贴上金银箔等，一把角梳才算是制成了。到现代，福州角梳业大上时，本地原料不能满足需要，于是便有专门从事角梳原料供应和承办产品销售的商行应运而生。抗战前，仓山麦园顶的振华商行就是一家，在南台上杭街亦有专门从事角梳业务的店业。

这些店业通过中间商人从香港向泰国、越南等地进口水牛角及水牛蹄，再运到福州来出售。

1941年5月，日本侵略军入侵福州，角梳艺人纷纷外逃疏散到各地谋生，留在福州的，有的改行去拉车、打短工，有的则到郊区当了农民……随着同业分散各地，制梳技术难免外传，上海、南京、武汉、长沙、衡阳等地也相继制起角梳。但其质量与造型仍不及福州。留在福州的角梳同行中，有的人也想振作角梳业。他们于1946年2月，联合组织成立了"福州市制梳商业同业公会"，选出王高文为公会理事长，后改选陈天官继任理事长。1947年后，美国的玻璃梳（塑料梳）源源而来，大量倾入中国市场。福州角梳业接连遭受冲击，一蹶不振。

《福州角梳》

❖ 曾逸康：洪塘篦梳

福州西郊洪塘居民从明代以来即以制造篦梳为家庭副业。他们制造的篦梳料优工精，采用五年以上的毛竹，不虫蛀，质量坚实耐用，篦齿均匀，篦发去垢不痛。有"全线篦"（齿最密）、"半线篦"（齿较稀）及半爿密齿半爿稀齿的"鸳鸯篦"之分。在制产过程中，有把篦梳放在铁釜里炒，叫作"炒齿"。经过这样处理的梳齿，更加坚实耐用。篦梳的主干叫作梁，要求牢固不稍动摇。数百年来，洪塘篦梳一直为广大群众所喜用，远销省内外及港澳、东南亚各地。

《福州名牌货集萃》

❖ 黄时中：时令节日，皆有漆器

古老的八闽首府以手工业作坊为主，如纺纱、织布、木器、竹器、制镜、漆器、角梳、纸伞、绸花、木雕、石刻、泥人、脸壳、花灯等行业；在这些手工业的生产作坊中，以知名度而言，漆器行业是首屈一指的。漆器的应用，在民俗民艺方面都有着十分重要的作用。正月初十至十五元宵，殷富商家陈列家藏珍玩如玉、石、玛瑙、珊瑚、瓷器等古董，而漆器在橱柜之内，则占有重要位置，这些漆器不是一般用品，而是"寿星""麻姑进酒""关公""观音"和"狮""虎"等猛兽以及神话中的灵兽等。这些品类皆以夏布裱于立体的模构之表，底涂完毕，将模构抽出或打碎后取出，然后修整、中涂、面涂，或髹彩、历线、贴金而成。八月十五中秋佳节，则用小巧玲珑的杯、碟、壶、瓶，贮佳果、盛美酒、插鲜花，以祝月华良宵。腊月十五及祭祀活动时，城市和近郊的富裕人家，用漆的朱色圆盘十个，盛着各色供品，大户人家更有大长方盘和圆十二个一套描有金箔纹饰的圆盘，以示气派。

福州市民从生到死都用到漆。妇女临产用的接生盒（俗称高脚桶），以木为坯、涂上红漆或朱漆，大户人家更用朱漆描绘竹纹、牡丹花、莲花等，取"平安""富贵""连子"之意。闺女出阁，备以上好妆奁做嫁妆，有皮箱、首饰箱、镜台、案几、产盆、便桶、面盆、斗、灯等物，一色是朱漆描金、镶贝、嵌钿等装饰，方显气派不凡。在迎娶一方的厅堂陈设，更少不了漆的用品了。横案、椅、几、桌等皆以黑、朱相间为主色面涂，绘饰奇花异草、珍禽、灵兽之类图案。高级的用多彩泥金法，稍次的则施半金彩，但都不失高贵、典雅。洞房之内，更具祥和、热烈景象，镂雕精致漆器床台，上有"鸳鸯戏水""并蒂莲花""麒麟送子""丹凤朝阳""榴开百子"诸图，立体雕镂处贴以真金箔，为"箔绘"，平面施以浑金，或加"弹彩"，喜乐相融，象征着"恩爱和睦""金玉满堂"之意。

入死后用的棺木，需上等木料制成，棺内"布桶"施瓷碎粒并用生漆连涂三道，以保尸体千年不腐，棺表底再用漆布夹以麻、苎勒裱，髹朱红面涂，最后用真金泥粉描绘云、蝠、仙物，配以龙凤纹（男棺描"龙"，女棺描"凤"）。使悲哀、恐怖之事，化成富丽堂皇、喜气洋洋的气氛。

《福州漆器》

❖ 黄时中：日益精细的漆器工艺

闽在古代是我国的边陲之地，历史上由于中原战乱频发，各种人群流入闽省，其中就有漆匠流入。福州山明水秀，气候温和湿润，这种天然条件，十分有利于漆器的制作，因此，备受漆艺匠师们的青睐。闽江直通东海，是内、外商品的集散地，故近代以来，福州漆器的发展，比甘肃的天水和湖南、江西、山西等省要快，又因处于早期通商口岸，多有机会接触海外产品的花式、技艺，所以福州漆器的"薄料"与"厚料"的材料技术和工艺技术也相应发展。到了清朝，福州的漆器曾鼎盛一时，名扬海外。那时福州有一家颇负盛名的"沈绍安漆器店"。到了民国时期，更有从日本传入的"变涂"技法，其第一代传人是李芝卿，他对当代漆器及漆艺技法，均有极大的影响。

……

明清以后，福州的漆器店和作坊各分地域。闽之古街以城内为繁华区，历代政府机构多设在此；南门外为南郊。清乾隆年间，漆艺家沈绍安复兴了传统的夹纻技法，并于漆器面上涂以银泥和色、创造出漆的主色"黑"、"朱"以外的多种色彩，代代相传，精益求精，日臻完美。至第五代时，则有更大的进展，曾受清王朝封"五品商勋""四品顶戴"官衔，于是名声大噪。沈绍安的后裔沈正镐、沈正恂兄弟开设的漆器店算是正宗，同旁系"愉记"、"恺记"等店产制的漆器，均曾多次参加国际博览会展出获奖。沈氏正宗及旁系商店都设在城内南街、杨桥路一带。出南门过茶亭、吉祥山脚下西口，延至孟岭山下的漆器店，都产制仙佛鬼神之类，以木雕、泥塑为素坯，上排漆线贴金或镶嵌松绿石、玻璃珠，再填上漆的诸色，以毛蓝、毛绿、胡红、金、银、黑为主色，显得金碧辉煌。红脸红须、黑脸黑须、粉脸银须、白底青靴、红袍金甲，有鲜明的特色。这样的品种及技法，至今在闽南一带还有生产。

洋中亭一带，则是漆器镜箱店的集中地。所谓镜箱，即今之首饰箱（盒）。其设计与营造亦有高低、粗细之别：上等的设计是多功能的，项链、戒指、耳环、金、玉簪饰等首饰和面油、香粉、香水及梳篦梳妆用品等，各有放置的地位；拉起箱盖，即可对镜梳妆，既方便又美观。做工精细，绘有民间故事和花鸟虫鱼等，施泥金、隐金、彩绘浑金等技法所成，此为上品。功能简化，箱内无装潢，外面只绘"影画"如西洋画风景之类则为低档。漆木器家具店，漆木梳店都集中于马口街东口一带，分为金漆家具、楷漆家具、裂纹家具、镶嵌贝钿家具、番红家具等，都离不开漆。最负盛名的是金漆家具，今在闽南地区尚能见到。裂纹家具十分古朴、典雅，都在书房内使用。朱合漆家具最为普遍，甚为一般市民喜用。孟岭之东"一清泉"一带，都制神佛用具。仓山梅坞顶，是近代漆艺家荟萃之所。"沈绍安兰记"即设在此，该店是座白砖砌的四层洋楼，楼下前厅陈列漆艺品，二楼是工场，老板沈幼兰，面容清癯，有学者气派，蓄八字须，善交际。在他店堂进出的人物，有驻闽的各国领事馆人员。他招待外国人共品茉莉花茶，尽情欣赏漆艺品的银辉色彩，指点名山胜景的淡胡鱼扁瓶、漆器中人物典故和对漆画的种种技法、材料、工具等。有些外国人喜欢寻根问底，沈老板总是尽量介绍，或请与漆艺家见面，热情地给外国顾客以最大的满足。在品茶洽谈中，宣传了漆文化的历史与现状，使洋人了解漆器的制成品确非易事，是十分珍贵的艺术品，故做了许多生意。

《福州漆器》

❖ 曾逸康：蜚声国际的脱胎漆器

创始人沈绍安，字仲康，是个破落户官僚门第的子弟，厌读书，转为漆匠。于清乾隆中叶开始生产脱胎漆器，它是用泥土塑造模型，外裱夏布，涂以生漆，干后挖去泥土，再行髹漆加工上色。名谓脱胎髹漆，工艺精巧严谨，艺术性高，风格独特，具有体空、质轻、光滑、耐久等特点。塑形惟妙惟肖，生动逼真。外形瑰丽多姿，华美无伦，虽温度到冰点或沸点，均不变色或脱漆。其工艺水平堪称达到"巧夺天工"的境地。早期制品多为佛像及历史传说人物供奉内廷玩赏。后来逐渐发展产制日用生活器具，品种繁多，远销国内外。曾先后参加英、德、意、美、日等国举办的国际展览会十多次，均得上奖，誉满全球。与北京的景泰蓝、江西景德镇的瓷器齐名，成为祖国手工艺品的三宝。

福州为五口通商口岸城市之一，相传当年有一英人回国度假，带回一只高达一米的脱胎大花瓶，准备展示给亲友。不料船抵大西洋遇风沉没，本人遇救回国。三年后，轮船公司从事打捞沉船，他不惜重金委托打捞公司在当年所住的船舱内寻找这只脱胎大花瓶，不久竟如愿以偿。沉入海底三年的花瓶，更加鲜艳夺目，光彩照人。于是福建漆器的美名传遍英伦三岛，誉满欧洲。抗战前，美国在芝加哥召开一次万国博览会，福建漆器照例应邀参加，当时还有日本漆器陈列在旁。观者以日制漆器花式新颖，色彩更加艳丽，十分引人注目，大有夺取金牌的可能。我国使馆人员亦以此为虑，经建议大会将中日两国陈列的漆器各放在小锅内煮三小时，结果日制的漆器化为泥浆，而我国的漆器既不变形，又不脱色，仍保持原样，福建漆器仍获金牌奖。

《福州名牌货集萃》

❖ 王铁藩：寿山石刻

　　总督后兼营寿山石的印章店，不乏多家，可算为艺术街主要内容之一。

　　寿山在福州北郊，距城约四十公里。山上所产"蜡石"，五彩斑斓，晶莹如玉，俗称寿山石，为鉴赏家乐于收藏，寿山石分田坑、水坑、山坑三大类，以田坑最为名贵，其代表田黄（石），价值一向和黄金、珠宝相埒。世有"一两田黄一两金"之俗语。其实，纯质的一两重的田黄石，其价格往往超出黄金数倍。寿山石开采已有1500多年历史，起初作为雕塑原料和装饰品，至明代才盛于雕刻印章。它的品种很多，每一坑洞的石质都有不同，古人把它性质类似的归纳为一种，计有100多种。新开采无法归纳的，又创立一种新品名；开采已尽，再无类似性质出现的，即算为绝种。如宋代《三山志》所记载的最佳品种"艾叶"至清初就很难看到，清乾隆间将军洞出产的"白芙蓉"也已绝产一百多年。总督后石章店的顾客，大多数都是鉴赏收藏家，对于石质要求很高，不堪入赏的"粗石"，即不登大雅之堂；能入选的就必须知道它的历史，一石在手，便能滔滔不绝地说话出它的渊源。作为总督后石章店店东，起码要具备"鉴别寿山石"的知识，否则就很难接待顾客。一般都在店内设有雅座，一壶清茶，便能招来许多寿山石爱好者前来品茗，谈石论艺，交换听闻。收藏家龚纶的《寿山石谱》、张俊勋的《寿山石考》都是在这里获得写作资料的。历史上经营石章的"贩石人"，不乏能诗善画的风雅人物。当时总督后的陈寿柏和郭庆昌，就是声名卓著的篆刻家。相传，晚清有位"贩石人"，对于金石学很有研究，他携带寿山石珍品，走南闯北，结识许多学者名人，所著《石庐金石书志》是当时最完备的大型金石书，国内有许多名流为他题词。可惜他身后萧条，原稿也落在他人手中，被冒名顶替出版了。

专营寿山石章的店铺，除总督后外其他地方极其少见，一般多由分布在各街坊的刻印店兼售。刻印店所售的石章多为刻印而备，珍品绝少，不为收藏家所光顾。因为珍贵的印章价等黄金，没有人舍得"作践天物"，一般只刻上印纽或薄意，以提高欣赏价值，或由名家刻上有诗意可通用的文句，绝少刻自己姓名。寿山石雕刻，习惯上可分圆雕、印纽、浮雕、薄意四大类，实际上只有两类，一种是通体雕刻各种形象供观赏，即所谓"圆雕"；另一种保持印章形式，仅在印章上端刻些古兽或花果，即所谓"纽头"。至于所谓"薄意"即"浅浮雕"，一般刻于印章四壁，增加印章艺术。深浮雕多刻在天然石头上面，供陈列观赏。当时寿山石销往欧美不多，主要的产品是印章，供国内和日本需要，新中国成立后，国内时兴签字，少用印章，所以把圆雕作为重点，产品供作国际往来礼品。便把分散各地的雕刻人员集中起来，几经演变，组成福州雕刻工艺品总厂。厂址设在六一中路，今印章业务已得到恢复，圆雕工艺有很大发展和创新。利用传统"巧色"创作的《花果累累》作品为国内许多博物馆竞相收藏。利用"镂空"新技法的《求偶鸡》，被国际友人叹为绝技。产品远销日本、新加坡、美国、法国、意大利等二十多个国家。印章艺术也得到提高，工艺师林寿煁的《田黄薄意组雕》、周宝庭的《二十八兽印章》双双荣获"金杯奖"。

《工艺美术街总督后》

❖ 王铁藩："机绣"

福州"机绣"是"榕绣"的组成部分。福州"手绣"历史虽然悠久，但却没有引起国内重视，自"机绣"问世后，榕绣的地位提升到可与"湘绣"并列。福州机绣的发源地就在总督后肃威路。

肃威路源名马房巷，是总督署马房边的一条小巷，民国十一年（1922），省长萨镇冰将衙署内西箭道割出与马房巷合并，改建为一条中间有花岛的新型马路。因当时萨省长授"肃威将军"衔，就被取名"肃威路"。

民国十二年（1923）刺绣艺人郑佳燮从香港回来，在肃威路创办"郑佳燮机绣传习所"，聘请日本女艺人秦利午子为校长，和另一名法国女艺人为教员。为了利用西洋先进技法来发扬中国传统艺术，所绣的内容全部以中国绘画花鸟、人物为题材。所模仿古今名画都十分生动逼真，特别是水墨画，能把浓淡体现出来，达到神韵兼备的境界。首批产品在所内展销，即被抢购一空。于是便把传习所改为"胜家公司"对外公开营业。继起的林康荣，是郑佳燮的得意学生，他也在这里开设一所机绣店，产品和胜家一模一样；在招牌上，却老老实实使用自己的名字，称"康荣机绣店"。也许招牌有吉利含义，生意反而在胜家公司之上。在抗战八年中，胜家公司终于停业了；康荣机绣店得以维持下来，到新中国成立后合入绣品厂。他的技艺比其师父，确实"青出于蓝而胜于蓝"。他作品《屈原》1958年选入《福建工艺美术》专辑。

《工艺美术街总督后》

❖ 杨树：福州瓷塑

瓷塑，又称瓷雕和艺术瓷，是福州众多的特艺品和工艺品中一个独特的品种。这种产品，对于人们来说，是既陌生又熟悉。说熟悉，因为基本上每一个家庭都供奉有大小不一的瓷塑观音、弥勒等佛像，或摆设有关公、屈原、李白、王昭君、西施等人物像，还有戏曲中、神话中的陈二五娘、牛郎织女、嫦娥奔月、天女散花以及瓷塑花瓶、器皿、动物造型等。这些是人人见过，人人熟悉，又是人人喜爱的。那为什么又是陌生的呢？因为瓷塑（瓷雕、工艺瓷）这个带有专业性的名称，很少有人听过，人们通常只说瓷观音、瓷花瓶等，不知道什么叫瓷塑，所以对实物熟悉，对名称陌生。

......

福州瓷塑生产，到清末民初，有一叫张振奎（艺名"裕师"）的，原先是做泥塑（俗称"土人仔"），后来到景德镇学烧瓷，回福州后，先在亭江建窑，因配方的比例掌握不准确，未烧制成功。后又在湾边建窑获得了成功，由于生产得不到发展，就迁到屏山南麓——云步山，从此福州瓷雕生产又得到振兴。另一种说法是：1908年，福州瓷塑工人张振奎在湾边建窑烧碗，因收益不丰，就改为烧制仿古瓷塑人物，起先是将德化生产的残缺的瓷塑产品，如缺手少脚的观音、弥勒等佛像收购来，根据残缺情况，缺什么就烧制什么补上，补好后以古董名义出售，获得成功。然后就进一步烧制全身的仿古人物等，也当作古董出售，赚了许多钱，就将窑址迁到屏山之麓黄墓山进行大规模生产，并且不断得到发展。后来，因福州两次沦陷，瓷塑产品无销路，生产陷于停顿。

《玲珑剔透话瓷塑》

❖ 王铁藩：总督后皮枕

总督后皮枕工艺高超，成为官场互赠的礼品，这里的皮枕都是以"盛"字为招牌，有陈德盛、金福盛、吴荣盛、郑茂盛、林公盛、兴利盛、庄和盛、正和盛等十多家，均世代经营。相传这种工艺是从延平府（今南平市）传来。立足总督后，才随着各地来闽公干的官差宣传到省内外。一合生漆皮枕可用二十多年，至今还有久居国外的老华侨，指名要购买总督后皮枕。皮枕是以第二层的牛皮为原料，把皮蒙在木骨架上，外表髹漆绘花。有生漆和明漆两大类，生漆多调朱，漆成呈朱红色，其两端漆黑色，朱红枕身，一般不再绘花，黑的上面，均用九赤金描绘各种图案，有鸳鸯戏水，也有福寿双全；有龙凤呈祥，也有麒麟踏宝。总之凡是吉利的，诸如富贵、长春、蝙蝠、八吉、长脚寿、一笔福等等，都可以入画。画上细致，色彩调和，显示出豪华隐重的美感。明漆的多呈橙黄色，先绘花，后上漆，花从漆底辉映出来，另有一番情趣。也有明漆和生漆混合使用的，即是以明漆为枕身，生漆髹两端，这样，就能通体绘花，豪华无比。还有一种用藤代皮的"藤漆枕"，是皮枕的变种。它的特点，用藤编出种种图案，上施明漆，藤的天然美和花纹美，都从漆底透露出来，给人美的享受。生漆皮枕制作过程十分复杂，施漆后，要放在地窖中凉荫一年以上，才能应市。由于制作程序认真，所以轻便、牢固、美观、舒适成为皮枕的最大特色。皮枕的种类，以单人枕为主，这种枕，以成双配对出售。还有双人合用的"抱枕"，又称为夫妻枕，以单只出售。此外，还有适合老人用的"箱枕"，可以开合，俗称"枕头箱"。枕内可以存放文书契据或食品。它的装饰多用贴花图案，亦有是描金的。还有供中医师使用的"脉枕"，这种小枕不用骨架，多用芦花塞在枕中，外表装饰也很美观。生漆皮枕店，除总督后外，还有陈鼎盛、陈永盛、陈鼎成、正盛利四家设在小桥头；正恒盛设在洗马桥。可惜现在都不存在了。皮枕的优点是其他枕类所不能代替。据说，还有老艺人存在，恢复尚有可能。如果在装饰上，能结合福州漆器的优点，变古老为时髦，这朵花会开得很鲜艳的。

《工艺美术街总督后》

❖ 阮宝光：雕刻名家柯经煊

柯老师从小打下扎实的基本功，又因善于汲取众家长处，雕刻出来的作品比例恰当，形象逼真。他尤擅长雕刻传统人物题材，如苏武牧羊、渔樵耕读、刘海钓蟾、弥勒佛、东方朔、和合仙、八仙、罗汉、寿星、达摩、观音等。他雕刻水牛、兔子、老虎、鹿等动物也都栩栩如生。后他又致力树头、树根所谓"天然作品"的雕刻，可称雕刻艺术"十八般武器件件精通"。

1936年，郑贞文任福建省教育厅厅长，在福州鼓山前屿村办了一所省立实验区工读小学，设雕刻科，聘请柯老师为专职教师。我当年十一岁，是该校的一名学生。柯老师诲人不倦，耐心教导学生，同时更加努力钻研艺术，尤其对人物形象下了很多功夫。他大胆尝试斯大林、罗斯福等"四强"半身像雕刻，先用泥土塑形，再用龙眼木雕刻，紧张地劳作一个多月，终于刻制成功。当时的省主席陈仪闻知此事，和郑贞文及建设厅长陈体诚等来到工读小学，观看了陈列橱里的作品，均赞不绝口，临别时还各选一件回去欣赏。一星期后，教育厅就给学校拨款三百元，半数指定作为雕刻科添置材料、玻璃橱等费用。

《雕刻名艺人柯经煊》

❖ 吴建明：长顺斋布鞋

长顺斋鞋店创业到现在已有130年的历史了。据我父亲回忆，该店开于咸丰八年（1858）。我父亲名叫吴孙安，鳝溪人，14岁就到鞋店当学徒，当时，鞋店已开业40年。我父亲的师傅，也就是长顺斋鞋店的创业老板陈道康，当时他主要做靴鞋，后来随着时代的变化，靴鞋生意渐次清淡，传至其孙时，实在难以维持下去，于是将店铺盘给了邻近的皮店老板，主要用以抵债。没有几年，该店经营亦亏损，于是就把店铺盘给我父亲经营。

我出生于鳝溪乡，13岁那年正月到郎官巷口隆昌店做学徒，同年七月去台湾学艺，1936年（23岁）学艺出师。从台湾回到福州。在台湾十年，开始时做艺徒，后被老板提升为营业员（当时鞋店营业员手艺要全面，才能应付各种脚样的人临时画样现剪现做）。

回到福州的第二年，也就是1937年，我和父亲一起接盘了该鞋店。接店后一直考虑如何转亏为盈，在盘点存货时发现有许多做靴剩余的下脚料堆着无用，于是灵机一动，便想起要做一种像北方用布纳出来的布垫鞋，鞋垫最外一层用剩下的皮下脚料贴上去，这样就能适应南方多雨而潮湿的气候。最初，做出来的第一双鞋子自己穿在脚上，感到很不错，别人看到了也说好看。但试穿中发现鞋底后跟较容易磨破，于是我又在鞋后跟处加上马甲（人字形铁），这样就达到了耐磨的效果。布鞋试成后在店上卖，很受欢迎，很快就扭转了长期亏损的局面。马甲主要来自上海，抗战后上海与福建断了交通往来，上海马甲也很难运到福州，于是便改用梅花钉，但梅花钉成本太重，不久就自行设计出一种可以镶在鞋底里的三角铁，用这样三角铁效果很好，一直用到现在。这种布鞋一般人都叫千层底布鞋，它保暖性能强和吸湿性强，鞋边以牛皮缝制不破不裂，穿在脚上轻便舒适，自然美观，深受消费者欢迎。海外侨胞多托人回来买了带去。台湾的严家淦还托人到福州指名要买长顺斋千层底布鞋。

《福州名牌长顺斋布鞋》

第七辑

习俗与美食，物产丰富讲究多

❖ 郑拔驾：岭南海滨 物产丰饶

▷ 福州地处热带物产富饶，图为茂盛的芭蕉林

福州山多田少，故农产不足，蒸民粒食，恒仰给予各县，唯水果极丰，橙黄橘绿，经冬愈鲜，摘龙眼之万颗，啖荔枝之三百，蔗境则到老愈甜，橄榄则回甘益美，他若桃、李、枇杷、黄淡、地瓜、白枣、柚、蕉，所产益多。林产则榕树、松、杉、茶树、樟、槐、茉莉、珠兰、楠木、獭木、白梨木、桑丝木，或可资香料，或可制器具，输出甚伙。矿则五金具备，而已寿山之石，最为有名，种类甚多，质坚而润，可制图章文具之用，良者价殊昂贵。水产以海蚌、青敖、鲥鱼、黄螺、熟鱼、淡荣等为特产，黄爪鱼、带鱼、蛎螃、鲳鱼、马胶鱼等所产亦多。唯因交通不便，捐税凡苛，供给太多，物价低廉，所入不敷成本，故渔民宁将所捕之鱼蛤弃置腐烂，仍以小量出卖，而昂其值；故福州虽系滨海产鱼之区，而鱼价殊贵也。

《福州旅行指南》

❖ 林传成：吃穿精致，穿戴讲究

元时，由于民族的歧视和压迫，许多城内居民被迫纷纷迁移到城南以外的沙洲之上居住，后来由于上游的泥沙不断冲积，洲地面积不断扩大，居民南移的也越来越多，在元至元二十九年（1292）马可·波罗到福州时，见到的南台一带已经出现码头和商业区的萌芽，至清乾隆时期，台江已基本具备港口码头条件，后来福州被辟为五口通商口岸之一时，整个南台已成为繁华的商业区了。到了此时，福州的市场已基本形成了自己的格局。

当时，由于城区的特点是衙门多，官员多，书香门第多，富豪家也多。因此，城区保持着经营穿戴吃用的商品为主的消费性市场。穿的方面有驻防厦门兼管行政的厦门海军司令陈国贤家属等所开启新绸缎布匹店，店内高级绸缎、各国呢绒产品等应有尽有。此外，较有代表性的还有协泰隆、祥生仁、恒余、方芬斋等数家。戴的方面，有天泉、宝光楼、罗天宝、华金、通豫等金铺。用的是安民巷口的尤恒盛苏广老店，及尤家在老店附近开设的兼营丝线、绸布批发的五云楼和继后在黄巷口开设的五都两家百货店。此后还有开设在东街口的百爱百货店等都是货色完备、品种齐全的苏广店。吃的方面，有清时就已著名的、供达官贵人宴会的、古色古香的聚春园菜馆，有兼办西菜、设"美尽东南厅"的南轩菜馆，有兼办温泉汤房或设有小戏台供堂会用的别有天等等。后来又有四海春、河上、味和、安太楼等十多家。

吃的方面，还有美且有、谢万丰、观我颐等糕饼店。美且有的雪片糕，谢万丰的礼饼、绿豆糕、荷叶饼，观我颐的猪油糕等都是闻名于榕城的糕点。散布在城区各个角落，有名的风味小吃名牌食品也不少，如二桥亭的阿焕鸭面、南后街的木金肉丸、鼓楼前的苏苏酱鸭和凤来香光饼，西门可然享的

"肉包"、信义的"锅边糊"、味和的"元宵丸、千页糕"，出在光禄坊肉香飘天下的"鼎日有"肉松，以及布司埕"线面"、赛园的"五香橄榄"等，城内的七星鱼丸（包心鱼丸）也很有名，等等等等多不胜举。城内的南北水果店也有数家，其中的德康、天华斋、九彩园方家开的雅记等最为有名。

　　福州的笔墨庄（店）新中国成立前约有70家，制毛笔占50家，除极少数在台江和仓山外，多数都在鼓楼。著名的是清道光年间开设在鼓楼前的"马文琳"，这是一家福州较早开设制毛笔的店铺。此外，开设在南后街的张文祥毛笔店也较早，据记载，明清时的举子，进京考试时，都要带张文祥毛笔去，其他尚有赛琳堂、文范堂、生范堂、林三益、胜功山、文华堂等笔店。鼓楼的毛笔还曾远销东南亚、日本，国内主要销往闽南、闽东、闽北等地。福州的墨庄最有名的为开设在宫巷口的"詹斗山"，其他如曹素功、花生堂等也较有名。所谓墨庄实际上多笔和墨兼营。詹斗山笔墨庄也是开设于清道光时期，所制香墨不腻不粘，色泽光艳气味芳香，书写流利，外观雅致，深受欢迎。

《鼓楼商业今古谈》

❖ 郁达夫：重糖的饮食习惯

　　福州食品的味道，大抵重糖；有几家真正福州馆子里烧出来的鸡鸭四件，简直是同蜜饯的罐头一样，不杂入一粒盐花。因此福州人的牙齿，十人九坏。有一次去看三赛乐的闽剧，看见台上演戏的人，个个都是满口金黄；回头更向左右的观众一看，妇女子的嘴里也大半镶着全副的金色牙齿。于是天黄黄，地黄黄，弄得我这一向就痛恨金牙齿的偏执狂者，几乎想放声大哭，以为福州人故意在和我捣乱。

《饮食男女在福州》

❖ 叶少鸣：太平面

福州银丝线面，历史悠久，在国内外享有盛誉。福州方言称这种线面为"梭面"，属手工生产性质。

在鼓楼区鼓楼北向布司埕（今称鼓屏路，前清该地系布政司衙门所在地，故称布司埕）系该产业作坊的集散地。此种产业多系一家一户的家庭店，前店后坊从事生产，生产工具面架均排列在布司埕马路两旁，十多家聚集一起，面架林立。

福州线面是以面粉为主料，加上盐和水制作。制作时，技术性比较强，首先要掌握气候的温度变化、湿度不同所加盐和水的比例即有差异。投产前一天就要把面粉、盐、水调配好，放在大陶盆里，盖以湿布。第二天开始搓条、粉条串面，然后到拉面几个工序。同时也要掌握气候的变化。拉面的技术是关键一环，用两个小竹竿（约两英尺长）串上串面插入面架，双手把竿，逐渐拉长，手工操作过程要拉力均匀。从投产到成品要十几个小时。由于面粉首先发酵，产生了酵母菌，因此味道鲜美。在线面业中以"万顺有"制工精湛，产品质量好，名闻省内外。

这种线面的规格为每只四两（旧制），一斤约四只。当时包装不考究，分为散装与盒装，散装视顾客需要而定，五斤、十斤均有，盒装是用夹纸（即厚草纸）制成筒形出装一斤丝面；盒盖亦用夹纸加封贴上招牌。这种盒装虽不考究，但其中线面却可经久不会发霉。

福州时俗，每逢生辰喜庆、亲人远行以及亲友初次光临等均煮"太平面"，表示平安如意（或赠送分娩、馈赠旅行），因此销路极广。旅外华侨均有家乡习俗，不仅居家常备，而且是馈赠佳品，所以产品畅销东南亚一

▷　福州街头的卖花老人

带。目前旅居海外华侨，或在外省的乡亲回到福州都喜欢带些线面出去，作为馈赠礼物。

《土特产银丝线面》

❖ 徐天胎：端午食俗

五月初五，省内各地家家户户例必于中午祭祖，并举行全家性的会餐。《兴化府志》谓："端午荐祖，食用角粽、田螺、麦螺，又荔枝、刺瓜、桃、李。酒用隔年老酒。老少共饮，俗呼'饮熟'。"其他各地大都与此相去不甚远，如食大田螺一事，福安县亦同，俗谓"炒鬼眼"。

上面所云种种食物，到了现代虽有些变化，粽则绝不可少，唯酒则不必用及隔年老酒。福州地区且有面粉制成、形式近于荷叶的扁形小包，称为"荷叶包"。更有把雄黄粉加在白酒内而食，谓可以祛疫气。祭祖时，使用一般的烛炮之外，尚兼及用雄黄粉末为主料制成的小纸炮，称为"黄烟"，中午时节在室内各处燃放，并用所喷出的烟，随意写成至为潦草的字样等等，谓以此驱除蚊蚁。餐后，更将掺有雄黄粉末的酒洒在儿童身上，并将用菖蒲蒸成的温汤为儿童洗浴，用意都在于避免夏令生病。浴后，儿童率穿新制的衣服及抹肚（俗称肚片），佩装有香屑的小荷包（俗称"香包"），并手执白纸扇等外出，观龙舟竞渡。一般节日多以夜晚聚餐，端午节则以中午，食后观龙舟去。唯观龙舟竞渡一事不限于儿童，虽成年以及年事较长的无不如此。

《福建传统节日习俗》

❖ 曾逸康：奇香扑鼻佛跳墙

佛跳墙，又名"福寿全"，也叫"坛烧八宝"，为"聚春园"名菜，是该店创业人郑春发所创制。他用珍贵原料二十多种，于食用前数日筹备好，每种原料都经过更番的蒸发加工，分别纳入坛内密封后，用文火煨制而成。不仅美味无比，入口即化，且色调瑰丽缤纷，奇香扑鼻。为形容其诱人的芳香气味，故名"佛跳墙"，意谓即使不吃荤的僧人，闻其芳香气味也禁不住要跳过墙去一尝其美。

据说光绪末年，福建官钱局有一次宴客，说是内厨自办的。席上主菜是一个大品钴，集多种珍品烩制而成。福州按司周莲能诗善饮，食后叹为平生未曾尝过的佳肴美味。经了解得悉此菜乃该司幕友钱某的内眷所主办，周莲有心套取其烹饪奥秘，故亦定期借该局宴客，仍委钱家代办，并遣厨师郑春发前往协助，实则从中取经。郑是按司官厨，烹调技术超群，一经参加操作，就心领神会，尽得其法，并从中加以提高，烹调成的色、香、味、形，更加青出于蓝。后来郑春发开设聚春园菜馆，此菜遂为该店名菜，遐迩闻名。

《福州名牌货集萃》

❖ 曾逸康：阿焕鸭面

阿焕鸭面通称二桥亭鸭面。林阿焕于1887年在本市城内二桥亭开设的家庭店主营鸭面，兼售蒸上排和芝麻龙肠（鸭肠）。凡顾客上门要一碗鸭面，另加上排一片、龙肠一碟，花费无多，美味可口，营业红火。因该店是自养的鸭、自打的面，因此鸭肉特别肥嫩，清汤面条的味道与众不同。在旧社会，不但政府官员常到此品尝，一些驻榕外交官也常屈尊光顾。传说国府主席林森抗战前回闽想吃阿焕鸭面，随行副官请林在南街商务印书馆等候，派人买来品尝。福州解放前夕，伪省政府主席朱绍良夫妇在遁逃前还要吃一次阿焕鸭面。

《福州名牌货集萃》

❖ 郁达夫：扁肉燕

初到福州，打从大街小巷里走过，看见好些店家，都有一个大砧头摆在店中；一两位壮强的男子，拿了木锤，只在对着砧上的一大块猪肉，一下一下的死劲地敲。把猪肉这样的乱敲乱打，究竟算什么回事？我每次看见，总觉得奇怪；后来向福州的朋友一打听，才知道这就是制肉燕的原料了。所谓肉燕者，就是将猪肉打得粉烂，和入面粉，然后再制成皮子，如包馄饨的外皮一样，用以来包制菜蔬的东西。听说这物事在福建，也只是福州独有的特产。

《饮食男女在福州》

❖ 郁达夫：福州的海味

福建菜之所以会这样著名，而实际上却也实在是丰盛不过的原因，第一，当然是由于天然物产的富足。福建全省，东南并海，西北多山，所以山珍海味，一例的都贱如泥沙。听说沿海的居民，不必忧虑饥饿，大海潮回，只消上海滨去走走，就可以拾一篮海货来充作食品。又加以地气温暖，土质腴厚，森林蔬菜，随处都可以培植，随时都可以采撷。一年四季，笋类菜类，常是不断；野菜的味道，吃起来又比别处的来得鲜甜。福建既有了这样丰富的天产，再加上以在外省各地游宦营商者的数目的众多，作料采从本地，烹制学自外方，五味调和，百珍并列，于是乎闽菜之名，就喧传在饕餮家的口上了。清初周亮工著的《闽小纪》两卷，记述食品处独多，按理原也是应该的。

福州海味，在春三二月间，最流行而最肥美的，要算来自长乐的蚌肉，与海滨一带多有的蛎房；《闽小纪》里所说的西施舌，不知是否指蚌肉而言；色白而腴，味脆且鲜，以鸡汤煮得适宜，长圆的蚌肉，实在是色香味俱佳的神品。听说从前有一位海军当局者，老母病剧，颇思乡味；远在千里外，欲得一蚌肉，以解死前一刻的渴慕，部长纯孝，就以飞机运蚌肉至都。从这一件轶事看来，也可想见这蚌肉的风味了；我这一回赶上福州，正及蚌肉上市的时候，所以红烧白煮，吃尽了几百个蚌，总算也是此生的豪举，特笔记此，聊志口福。

蛎房并不是福州独有的特产，但福建的蛎房，却比江浙沿海一带所产的，特别的肥嫩清洁。正二三月间，沿路的摊头店里，到处都堆满着这淡蓝色的水包肉；价钱的廉，味道的鲜，比到东坡在岭南所贪食的蚝，当然只会得超过。可惜苏公不曾到闽海去谪居，否则，阳羡之田，可以不买，苏氏子孙，或将永寓在三山二塔之下，也说不定。福州人叫蛎房作"地衣"，略带"挨"字的尾声，写起字来，我想只有"蚶"字，可以当得。

在清初的时候，江瑶柱似乎还没有现在那么的通行，所以周亮工再三的称道，誉为逸品。在日下的福州，江瑶柱却并没有人提起了，鱼翅席上，缺少不得的，倒是一种类似宁波横脚蟹的蟳蟹，福州人叫作"新恩"，《闽小纪》里所说的虎蟳，大约就是此物。据福州人说，蟳肉最滋补，也最容易消化，所以产妇病人以及体弱的人，往往爱吃。但由对蟹类素无好感的我看来，却仍赞成周亮工之言，终觉得质粗味劣，远不及蚌与蛎房或香螺的来得干脆。

《饮食男女在福州》

❖ 曾逸康：没有鱼丸不成席

鱼丸原是福州普通食品，后则凡有宴席必有鱼丸这道菜肴，成为"没有鱼丸不成席"之谚。过去以潭尾街合发鱼丸较为著名，新中国成立后福州人依幼在吉祥山开设鱼丸店，以机制鱼丸而独占鳌头。它的特点是以鱼肉和清粉加工为壳，薄而富有弹性，肉馅多并带鲜汁，故滋味极美。

《福州名牌货集萃》

❖ 郁达夫：福州的酒

将这些脱嫌糖重的食味除起，若论到酒，则福州的那一种土黄酒，也还勉强可以喝得。周亮工所记的玉带春、梨花白、蓝家酒、碧霞酒、莲须白、河清、双夹、西施红、状元红等，我都不曾喝过，所以不敢品评。只有会城各处在卖的鸡老（酪）酒，颜色却和绍酒一样的红似琥珀，味道略苦，喝多了觉得头痛。听说这是以一生鸡，悬之酒中，等鸡肉鸡骨都化了后，然后开坛饮用的酒，自然也是越陈越好。福州酒店外面，都写酒库两字，发卖叫发扛，也是新奇得很的名称。以红糟酿的甜酒，味道有点像上海的甜白酒，不过颜色桃红，当是西施红等名目出处的由来。莆田的荔枝酒，颜色深红带黑，味甘甜如西班牙的宝德红葡萄，虽则名贵，但我却终不喜欢。福州一般宴客，喝的总还是绍兴花雕，价钱极贵，斤量又不足，而酒味也淡似沪杭各地，我觉得建庄终究不及京庄。

《饮食男女在福州》

❖ 郁达夫：福州的饮食处

饮食处的有名处所，城内为树春园、南轩、河上酒家、可然亭等。味和小吃，亦佳且廉；仓前的鸭面，南门兜的素菜与牛肉馆，鼓楼西的水饺子铺，都是各有长处的小吃处；久吃了自然不对，偶尔去一试，倒也别有风味。城外在南台的西菜馆，有嘉宾、西宴台、法大、西来，以及前临闽江，内设戏台的广聚楼等。洪山桥畔的义心楼，以吃形同比目鱼的贴沙鱼著名；仓前山的快乐林，以吃小盘西洋菜见称，这些当然又是菜馆中的别调。至如我所寄寓的青年会食堂，地方清洁宽广，中西菜也可以吃吃，只是不同耶稣的飨宴十二门徒一样，不许顾客醉饮葡萄酒浆，所以正式请客，大感不便。

此外则福建特有的温泉浴场，如汤门外的百合、福龙泉，飞机场的乐天泉等，也备有饮馔供客；浴客往往在这些浴场里可以鬼混一天，不必出外去买酒买食，却也便利。从前听说更可以在个人池内男女同浴，则饮食男女，就不必分求，一举竟可以两得了。

《饮食男女在福州》

❖ 徐天胎：水上居民春节习俗

福州的水上居民（一般称为疍民）的春节习俗最具特色。水上居民于正月初二日起前后数日间，恒三五结伴，男女老幼皆有，唯以中年以下的女性居多，盛装携筐，由年长者率领。至市内各街巷，挨户歌唱小曲（不附任何乐器），称为"贺年"。受贺之家则予以少量的年糕等食物为谢。贺

▷ 疍民居所

▷ 水边唱歌的疍女

年为水上居民主要习俗之一，非出于行乞，更非出于卖艺，唯由来已久，虽至为富裕与已迁至岸上的，每家最少总有一人参加，谓不若此，一年间难保此家平安无事。所唱之歌虽至俚俗，而音调和谐悦耳，且歌中所云又多与地方上习俗有关，故为人所尽能知。迎年以来，例必有新歌出现，并很快传播于地方上青少年男女之口。

此俗由来传说不一，其较可信者或与中古时代的民族斗争有关。即在蒙古族统治期中，福建这边有部分住民，因避免政治压迫，乃以水为家，置身船上，而与原先生活在水上的人共处。由于不能，亦未敢经常与住在岸上的亲友等通问，乃利用春节期间，以贺年为名，前往探视，所唱的歌，即是心里所欲言的话。听者亦能理会，其报以食物的用意亦同。最初，致贺之家只限于素所熟悉的，所唱之曲则因人而异。成为定例之后，几乎各家皆为相同。至其必以年长的人率带者。起初亦不外求其熟悉，嗣后此一作用亦失。他如谓一家必须有一人参加，否则会惹起灾殃，原意仅出于鼓励，而与迷信的行动无关。

清代此风甚盛，民初犹然。参加者多为装束入时，举动又至为潇洒的青年女性，所唱悉为新颖而至合音节的小曲。大革命时代此俗尚可见到，唯未届抗日战争发生就已至少，抗战胜利之后消失殆尽。

《福建传统节日习俗》

❖ 徐天胎：普庵符与午日书

在福州，五月初五日正午时分，家家户户必于门上贴以黄色纸刻刷的"普庵符"。所谓普庵符，即在黄纸上画有"普庵佛"图像，佛像上端正中处作"普庵佛"三字，较大，左右两旁：一为"普庵在此"，一为"百无禁忌"，字较小。此符据云作用巨大，既可"避邪"，亦可以医治身上小创。民间咸信以为实，此物迄今犹可见。

别亦有贴于门上及屋内各房间门口两旁。上写有种种吉利而又切合时令话语的红色小纸条（大小不一联对），名为"午时书"。市上有刻刷的出售，亦有出于自撰自书的，惟居丧之家则改红色为素色。此一习俗至迟明代已有，有明末福州布衣诗人赵十五所作"门幸无题午，人羞不识丁"句可以为证。句中的"题午"，即是自写"午时书"而贴上之意。

午时书以"谈忠说孝，饮酒论骚"（为纪念古代的屈原及曹娥，一以忠，一以孝）最为常见。他如"海国中天传令节，江城五月落梅花"，以及"五日风光惟一醉，半年俗事已三青"句亦为百姓所喜欢。五四运动期中，有句作"十丈龙旗，此日夺标应在我；满江鼍鼓，中流击楫有何人"。虽亦属于泛指，用意所在则至明。更有情调同于上述赵十五的，为五四前徐幼余所作"草草聊过五日节，年年厌写午时书"。

一直到了抗日战争发生前后，午时书在福州地区内犹可随处见到，嗣后渐归于淘汰。近来，普庵符尚可见，午时书则未有。

《福建传统节日习俗》

❖ 徐天胎：福州中元节祭祖

福州地区，各家祭祖悉在中午。祭时于祖先灵前焚烧楮陌，即"纸衣"与"冥钱"（亦作冥镪），谓以供祖先在冥间使用。纸衣为一种刻印有各种古代服装图式的薄纸，每10张折成为一套，外再用印有红色图案的黄色绣包袱，称为一服。纸衣有精雅与简陋之别。精雅者别称"官衣"，供阀阅与富有之家使用；民间所通用的多为简陋。折成包袱的情况，两者相同。冥钱为用草纸裁成小长方形，并于纸上用不完整的小圆铁鉴，打成同于前代制钱形状而为数颇多的小圆孔，用以代制钱。冥衣及冥钱均购自市而价至廉。抗日战争未发生前，到处都可见到，嗣后逐渐趋于减少而未见绝迹。

30年代，在福州及省内某些较大城镇，都有从上海输入而出于石印的

"冥币"，横式，灰褐色，形式同于市上流通的钞票，面值只有1元的1种。上书"冥国银行"字样。"冥国"两字的发音同于"民国"，具有影射之意，抗日战争发生后，冥币输入中止，嗣后更因币值日跌，其在"冥间"亦失购买力，民间乃自行裁成大小相同的纸张，随意写下面值若干，即以为代。此种情况，在闽北各地近来仍有，且不限于祭祖，即对于其他的"鬼神"等亦同。

《福建传统节日习俗》

❖ 林厚祺：中西合璧的新婚俗

本省民间建筑多有宏伟堂皇的大厅，供婚丧喜庆之用。举行婚礼时先期发出请帖，由主婚人父亲署名请亲友阖第光临，母亲亦同时署名邀请女眷。厅上布置一新，铺毡结彩，灯火辉煌。正面横案上供本家历代元祖宗亲神位，横案上两旁铜烛台红烛高烧，陈列香花鲜果，中安香炉燃点明香。案前排一方桌，挂红缎桌裙。桌前排列两张公座椅，红缎坐垫，为父母亲友长辈庙见时座位。地上铺红地毯，毡上两个红缎拜垫为新郎新娘下拜之用。婚礼开始，鸣炮出厅庙见。伴娘由洞房扶出新娘与新郎同立拜垫前。新娘仍套"盖头罗"，头戴凤冠，身穿蟒裙蟒袄，新郎穿蓝袍青褂。新娘新郎由亲友司仪先拜历代元祖宗亲，次拜父母，并互相交拜。然后邀请亲友长辈依序坐上座位，由新郎新娘逐一跪拜。同辈亲友邀请见面鞠躬为礼。父母亲友长辈受拜后给新娘一份贽礼，为金银首饰或金钱代金，并赏伴娘花彩。亲友多者行礼下拜达一个小时以上，新郎新娘疲惫不堪。礼毕鸣炮，伴娘扶新娘入房，脱下"盖头罗"及礼服，改穿便服。

随着时代的变化，婚礼日趋简化，实行新式结婚，俗称"文明结婚"，新郎穿汉装、西装、燕尾服；新娘穿裙衫、旗袍或西式婚礼服，头上戴红彩花，或套全白纱套。伴娘不参加行礼，由幼男幼女手拈鲜花为伴，俗称

"花童"。婚礼在菜馆或家里大厅举行，布置新式礼堂。主婚人、证婚人、亲友、新娘新郎等次第入席，婚礼开始，由主婚人、证婚人先后致辞，新郎新娘向主婚人证婚人行三鞠躬礼，再向亲友鞠躬。然后由证婚人宣读结婚证书，由新郎新娘盖印，主婚人、证婚人盖印，拍照留念，礼成。

30年代以后，出现集体婚礼，仪式如下：鸣炮开始，奏乐，主婚人、证婚人、亲友、来宾、各对新郎新娘等次第入席。首由主婚人代表、证婚人致庆贺祝词。新郎新娘排成长队先向主婚人证婚人行三鞠躬礼，再向亲友来宾鞠躬。然后由证婚人宣读结婚证书，新郎新娘盖印，主婚人、证婚人盖印，盖印毕，全体新郎新娘拍照，礼成，鸣炮，奏乐散会。各对新郎新娘各自回到自己家中。

《福建婚嫁习俗散记》

❖ 林厚祺：喜娘

伴娘又叫喜娘，以陪伴妇女出嫁为业，为过去社会上一种特种职业。结婚前伴娘为新娘梳理头发、修整仪容、穿戴服饰，到达男家后陪伴新娘行礼见客。新娘初离闺阁，见人不免腼腆畏缩，不娴礼节，伴娘随时指点，在闹洞房时帮助排解各种刁难。过去妇女不出闺阁，伴娘是一个不可缺少的角色。当时女子头上梳髻，有种种花样，如龙凤呈祥、孔雀开屏等名称。伴娘都在婚前到女家为新娘试装，她相体裁衣，看新娘头发姿势，采用何种髻形。又为新娘涂粉画眉，把新娘脸上涂上铝粉，两颊、口唇加点胭脂，两眉剃成弯弯如月，涂抹黑墨，然后穿上绣鞋和新装。试装满意后，次日上轿前照样打扮。上轿离家以后伴娘一直紧随新娘左右，指点新娘行礼、敬酒等各项礼节。

伴娘多为中年而偏年轻的妇女。福州以郊区妇女为多，不缠足。头上插三把刀形饰品，俗称"三把簪"。伴娘称呼通常为：姓黄的叫"黄厝"，

▷　田间地头的劳动女子

▷　头戴三把簪的福州女子

姓叶的叫"叶厝"。伴娘要有流利口齿和灵活应付能力，如长得漂亮就更为吃香。她们除赚一定工资外，以花彩为主要收入。伴新娘行礼、敬酒、宾客看新娘等每个动作都有花彩。过去人们讲面子，装阔绰，赏发花彩从丰。遇到大户人家如大老板、大官员、大地主可捞到大笔收入。出名的伴娘，各方先期争相聘定，应接不暇。

《福建婚嫁习俗散记》

❖ 陈鸿铿：重谐花烛

西方结婚40年，叫作"羊毛婚"，50年叫作"金婚"，75年叫作"金刚钻婚"。在中国也有先例，叫作"重谐花烛"。笔者童年曾见过。重谐花烛的条件，很不容易：一要原配健在，二要儿孙齐全，三要婚期达60年。潭尾街曾长兴纸行曾某某，是当年的大资本家，福州造纸厂成立时，投了巨额资金。他的堂上两老80高龄，寿辰时发出的请柬，是大红纸的全叶帖（7份请柬连在一起）。诞辰第一天（俗称"软寿"）起，连续设早晚7天酒席宴客。第一天软寿，由子名义，第二天正日同，第三天子婿行，第四天孙婿行，第五日兄弟辈，第六日侄辈，第七日本人夫妇谢宴。笔者家长当时送蛋糕100块、一双寿烛和千响鞭炮，曾家只收蛋糕，退还鞭炮和寿烛，一张谢单，左行两字"谨领"，居中大字的"谢"，右行"曾某某率子孙顿首拜"，是木板刻字印的，在"谨领"之下账房用毛笔填上"寿糕、余珍完璧"。旧俗炮烛是不能随便收的。东家7天都有派人来请饮酒，笔者家长只参加正日和谢宴，不像老饕席席都有我。重谐花烛，是在谢宴席散后，木公金母两位老寿星，重新做新郎新娘打扮，行交拜礼居儿孙面前。何逊诗："如何花烛夜？"这是做寿时，除正剧拜寿外，另演一出折戏。当年据说并非孤例。

父执老一辈私下议论，认为此事办后多不利。第二年恰巧这一对寿星相继登仙。其实亦正常现象，80岁以上谢世，可谓"福禄全归"。福州童谣："……隔壁婆婆做生日，将讲（怎样）去年故没做，今年一做就拔直（拔直，形容死尸脚手伸直），没'衣食'（不祥之兆）。"

《旧社会福州婚、寿、丧习俗》

❖ 李家驹：压花会

我有一个老姑婆，年岁比我大几十岁，她说，她幼年曾压过花会。猜压的方式，是在三十七字中开一字，压1文赔30文，赢的去讨牝，输的去做贼。猜压的人，都想发横财。花会首的好处，就是37字除去昨天所开的一字，剩有36，假使无私无弊，可以坐享二成之利（即加二）。今天若收10万金，就可得2万。花会弊病不少。因为财动人心。所以有会首说，他今天所收的会款到中午齐集时，叫帮侣一齐来算一算。哪一字压最少，下午就开这一字，如此非法收入庞大。清末民初，义序分"巴"桌林立，有一花会首姓黄名乾灼，上午收巴，中午截止，就把所收的巴，叫人算一算，哪一字压最多，哪一字压最少，多者缴于大摊，少者自己吃下，这样做法，每日都有一笔收入。多者多收，少者少收，不劳而获。那时政府当然也有禁令，但禁令归禁令，无人理睬，开者自开，压者自压，上下收例（贿赂），阳奉阴违，终始不能消灭。有一时期，郭泳荣当市公安局长，不满于黄乾灼，叫心腹人将他骗来，即行枪决，不曰捕而曰骗，可见政府之威信是何等低落。乾灼伏法后，花会一时稍为沉寂，不久又死灰复燃。

最盛时候，莫过于沦陷时期。大摊有10余场，巴仔桌遍于城市，巴场由日本人主持，叫大家来猜压，因此人人明目张胆，毫无忌惮。东街文艺剧场（即后来的八一礼堂）也曾设过，猜压之人可以自由出入，时间一到，可以来看开包，因此猜压者不可胜数，结果无人不中其毒，无人不受其害。有的人卖妻鬻子，有的人家破人亡，说不能尽。猜压的人，败尽家财后无路可行，只有求神祷佛，赐一"现"字，如鼓楼前裴仙师、屏山老猿爷、狮桥头邹白仙姑等处，香火通宵不断。求者有用竹制花会签求签，或抱起庙中签筒求恳，或用号数，或把签谱拿来一一猜详。据看庙的人说，每天大约都有二三百人，若以37字循环排列，最少有10人8人猜中，所以每日都有人到此，答谢"神恩"。如用匾额谢者，即书"有求必应""威灵显应"等；如用荤礼者，多至10碗以上，香烛、元宝、鲜花、鞭炮；还有谢象头戏，谢清书（评话）。看庙的人在这时候真可以发些小财。也有去乌石山迷魂洞求内中供奉的"丹霞大圣"。去者多是妇女，主要是祈梦，她们带上香烛、纸箔、荤礼，恳求毕，就在此打盹。睡醒，荤礼就不见了，还以为"神鬼有灵"，会出来吃东西，不知是被无赖之徒取走。天明，带夜所梦去花会上猜详，不论见什么字都似有意思，结果都是失败。压时趾高气扬，开包时就垂头丧气，可怜贼心不改，还是想明天再博一博。星卜神棍，在这时也乘机捞钱，方式有的测字，有的啄鸟卦，有的马前卦，有的夫人奶抽签。夫人奶抽签，就是一个人挑一担子，担中供奉陈太后，预备一个签筒，给人求恳。每次也可收人家数枚铜圆，积起来数目确是不少。我见过一个人，请童身到大摊求学，说是百发百中，可到开包时，也是落空。人家发问，何以无灵？大摊说，本来是开这一字，因为还有其他神明，他比我权威大，所以这字不能出现。

《琐记旧时福州民间请道士做法事的一些陋习》

第八辑

报界异闻与福州老戏场

海滨邹鲁,

❖ 陈荻帆：杨树庄与新福建日报

1931 年 8 月，福建省政府主席杨树庄在福州创办《新福建日报》。这是当时唯一的官办报纸。杨树庄对外扬言办报动机仅仅是因为当时福建报纸内容贫乏、报人品德恶劣，所以要办一个"像样的报纸"，要该报人员成为新闻记者的表率（实际上，杨树庄当时以海军总司令兼任福建省政府主席，显赫一时，自有政治野心，创办此报，实为"闽人治闽"造舆论）。乃由民政厅厅长郑宝菁介绍陈建东为社长，拉拢了厦门大学一批毕业生分任总编辑及各版编辑。当时该报人事阵容曾引起社会的注意，因为过去的新闻记者多系落魄文人，大学毕业生而充新闻记者至为罕见。

该报经费每月均由主席特别办公费项下开支，报份向各县政府摊派一部分，员工薪饷尚有着落。但杨树庄气魄不大，舍不得以大量资金自办印刷所，所以该报自开办到停刊，先后由"利福"及"南华"两家商办印刷所承印。

1932 年夏，十九路军入闽，蒋光鼐任福建绥靖公署主任，该报冰山既倒，宣告停刊。十九路军失败离闽后，该报曾一度复刊，嗣因杨树庄在沪病故，乃再次停刊。

《榕、厦报业旧话》

❖ 陈荻帆：民国报纸的内容

各报内容大都包括社论、电讯、本市新闻、国内外新闻、副刊等。

无论大小报纸，都常载有社论。但在当时环境下，党报的社论不是吹捧蒋家王朝的"德政"，宣传亲美"睦邻"的政策，就是散布"安内攘外"、反共反苏的谬论。官办报纸同出一辙，当然无甚高论。民办报纸慑于文字狱，不敢仗义执言，多只能在社会新闻上做做文章，当时只有《江声报》骨头较硬，间或发表一些抨击当时现实的文章。

各报以电讯方式报道国内外消息，对读者吸引力较大。党办报纸设有电讯室，及时收录中央社、路透社、美联社等当日电讯，次日见报，满满一版，内容较多。但是，这些由国民党当局及外国电讯社发出的电讯，都是经过了一番精心加工的消息，读者难于窥及国内外形势的真相。《江声报》对电讯非常重视，在上海设有"驻沪特派员"，每天拍发专电数千字，有的内容较中央社为详尽，有的内容是国民党讳莫如深、秘而不宣的，因此深受读者欢迎。

市版刊载本市新闻，乃系报纸内容的主要部分，各报全力以赴，千方百计谋求迅速、充实、活泼、生动。各报记者为采访新闻到处奔忙，各显神通，白天在外活动，晚间回社写稿。遇有半夜发生火警、劫案、自杀案件等，记者们视为珍闻，连夜采访，唯恐落后，赶于天亮之前草成付印，次晨见报。这一类的本市新闻往往较真实地反映了当年的社会现实。

过去交通不便，国内大型报纸如《申报》《新闻报》《大公报》等，发行寄递也较慢，读者要想详知国内外时事，深感不便，而一般市民也无力订阅大型报纸。基于这个特点，地方报纸因多有国内外新闻专版之设。这一版的材料大部分是借助于剪刀、糨糊的，也就是说，编辑先生在大型报纸上剪下所需要的材料稍加修改添注，编成消息，让没看过大型报纸的读者能够知道一些国内外消息的梗概。一些经费较充裕的报社，在沪设有特派通讯员，这些通讯员一般能够采访到一些大型报纸上没有刊载的国内外消息，或者能够抢在大型报纸刊载之前写成通讯稿寄回。今天我们报纸的国内外新闻都是用电讯报道的，既迅速又全面。回想当年那种国内外新闻的报道方法，恍如隔世。

大部分报纸都有副刊专版，规模大的整版，规模小的半版。有的是综合性的，内容包括小评、散文、文艺作品等，有的是纯文艺的。《江声报》及《新福建日报》都较重视副刊。

《榕、厦报业旧话》

❖ 陈荻帆：新闻记者的生涯

在当时社会，新闻记者有"无冕帝王"之称，而实际上新闻记者的生涯是非常可悲的。

任何有正义感的新闻记者，对蒋家王朝的腐败政治，对社会上的重重黑幕总不能缄默无言。但是，如果秉笔直书，刺伤反动派的疮疤，就有记者被捕、报社亦遭封闭的危险，记者的人身自由与安全是毫无保障的。

其次是记者的生活十分困苦。一般报社营业不振的，记者工资非常微薄，更加一再拖欠，连糊口都办不到。即使规模较大的报社，其编辑地位虽高，月薪亦只五六十元，米珠薪桂，也不足以仰事俯畜。而外勤记者月薪仅二三十元，连维持个人生活都不够。所以当时人们都轻视新闻记者这种职业，只是穷困潦倒的知识分子才不得不以此为生。

由于待遇微薄，生活困难，不少新闻记者不能洁身自爱而坠入下流。轻微的是白看戏、白坐公共汽车等。他们凭着记者证享受种种特权，如果对方不识趣，他们就利用新闻报道给你颜色看。严重的是向大腹商贾、暴发户及地方官员等勒索敲诈。其手段是多方刺探对象的不可告人之事，写成新闻稿让你看看。如果你知趣行贿，他就不把该稿披露出来；或者在报上吞吞吐吐地刊登半载消息，消息最后一句是"姑志之以观其后"。只要你把钞票塞过去，第二天报纸上就会出现更正的消息。所谓"无冕帝王"堕落到这样地步，吃亏的是被人误认为一丘之貉的少数洁身自爱的记者了。

《榕、厦报业旧话》

❖ 陈鸿铿：一则电讯引起的风波

《国光日报》是十九路军自淞沪前线调驻福建后在福州创办的，性质上属官办报纸，经费由十九路军控制的福建省政府支付，目的不是赢利，而是作政治宣传。当时，十九路军将领正在策划成立反蒋、抗日的人民革命政府，以对抗蒋介石控制的南京政府。《国光日报》就公开宣传反蒋与抗日，由著名报人章振乾担任总编辑。有一次，电讯报编辑童国瑁值夜班，决定采用一篇题为《蒋中正卖国通敌罪无可逭》的稿件（采自"西南通讯社"）。章振乾看大样时，有所犹豫，因童国瑁坚持应发，便签署付印。微曙，报纸即将派发之际，社长任特因忽接十九路军总部的电话，告诉他该稿刊行欠妥，报纸应停止发行。这天，《国光日报》没有报纸发行，外间议论纷纷。新闻界探知此事，也觉奇怪。平时十九路军和该报都公开发表反蒋言论，这次为何由蔡廷锴亲自出面阻止？后来"闽变"发生，大家才猜想此举可能与事变计划有关，其他内幕，则不得而知。

《旧报界异闻纪实》

❖ 杨湘衍：京剧入闽

民国五年，福建督军李厚基为母祝寿，派人到沪邀约京剧名角临时凑成"上天仙"京班来福州演戏。寿辰过后，京剧老生马坤山留闽为上天仙京班经理，常率班在城内游艺演场排演。不久，该班武净刘坤麟因与马坤山意见不合，到沪另组一"天蟾京班"来闽。同年，南台戏界中人黄亨灼见戏景颇好，便集资在台江汛建"瀛洲戏园"（后改"大新"、"大中华"，现园址已无存）。城内东街"三山座"菜馆，也由股东张玗珂租赁隔邻堂屋改建大花厅，并辟为三山座戏园。民国六年冬，从上海又来了"南华"与"天声"两大京班，福州剧界成了京剧竞争的场地。是时京沪名角接踵南来，上天仙班有马连良、芙蓉草、小杨月楼、高秋翚、何月山、张桂轩、曹玉堂、第一怪、马春甫等，天蟾京班有刘永春、刘筱衡、刘钟麟、刘玉琴、小三麻子、董德春、王桂卿等，南华京班有林翚卿、一品红、夏荣波、王文祥、张月亭、小活猴等，天声京班有冯子和、马桂和、戚艳冰、樊春楼、李桂芳等。各班配演新戏，盛极一时。当时虽有东街"文艺剧场"新告落成，尚感戏园不够分配。适城内"顺记"洋菜馆刚歇业，林翚卿便与该菜馆股东刘席珍商量（林与刘交好），就菜馆原址修建戏院，即以林所经理的南华京班的"南华"两字作为戏院名称。戏院正修建中，黄巷乡绅郭合诗等人以巷窄屋多、建戏院妨碍交通为由，提出反对，嗣由福州商会调解，以戏院演戏时，赠送黄巷各住户每家两张戏票了事。这是民国七年的事。不久，又有陈英等集资兴建"天华"戏院，林依华等集资建筑"第一台"戏院。在福新街转弯南公园路上更建有歌舞台，座位可容千余人，观众多为东门、水部一带的工人、农民。民国十一年，李厚基被驱，旅闽的北洋军队的亲友多数回籍，四大京班的营业因之大受影响，相继停锣。

《福州的戏场》

❖ 顾曼庄、陈师亮：京剧

1918年，福州一个叫"上天仙"的京班聘北京名旦芙蓉草（名张九龄）莅闽主演，马连良亦曾来榕演出，使辛亥后福州渐趋衰落的京剧又兴旺起来。当时福州缙绅之家爱好京剧者颇多，如花巷陈叔同先生（闽剧著名编剧陈启肃之父）与文儒坊陈阶平先生常邀"上天仙"名旦陈碧云在其家清唱（该班琴师林威南技艺甚佳，亦常在座）。福州《健报》陈朝阳先生常发表文章，盛赞陈之声艺。在"上天仙"前后，还有某班上海花旦刘玉琴，色艺俱佳，林炳章（林则徐之曾孙）曾极力捧他。徽班的名角们还常在花巷安徽会馆与山兜尾（今道山路）奉直会馆（即清代八旗会馆）等处作堂会演出。由于京调风靡一时，爱好皮黄戏者多舍徽而京。实际上京调与徽调在声腔板式上大同小异，只是在行腔唱法上有精粗之分而已。上述这些业余京剧活动，参加者并无成立组织，活动亦无固定地点，只是两三同好者互相邀约唱和，聊以怡情遣兴、逢场作乐而已。20世纪20年代中期，因受上海票界的影响，福州的一批京剧爱好者亦起而组织票房。所谓票房乃京剧爱好者组织的于业余时间研究京剧的娱乐团体，有的也对外公演，但票友是不收金钱的，且得自置行头，并向雇来的戏班中人（当配角或化妆师）发赏金。票友中亦有受戏班之邀而转为职业艺人者，叫作"下海"。

《琐记福州业余京剧活动》

❖ 廖宗刚：人籁票房

在今八一七北路贤南路口，抗战前有一幢三层楼建筑的西药房"寿人氏"。行人路过时，常可听到三层楼上锣鼓喧闹，琴声激越，间杂着曼曲轻歌。这便是福州唯一的京剧票房——人籁票房的一个据点。

福州是福州方言语系的中心区。福州方言和北方方言之间的差别很大，一向讲福州话的福州市民多对京剧不感兴趣。在北洋军阀李厚基、周荫人统治时期，虽然有吉祥、大吉升等京班跑码头到福州开演，可是观众寥寥，所以不能扎根住下。直到北伐军底定福建后，情况才有所改变，福州对京剧感兴趣的人逐渐多了起来。在这新的社会形势影响之下，福州人籁票房应运而生。

福州人籁票房是一个京剧爱好者的业余组织。发起人和主持人刘源沂，字圆琪，毕业于福州格致书院，是"寿人氏"药房店东刘寿人的少爷。他的父亲拿了3000元大洋叫他到上海去采办一批西药，他居然把钱带去北京，拜胡琴圣手陈彦衡为师，学得一手好京胡，并且学会京剧中的各行当，生、旦、丑、净无一不会，成为一个"戏袋子"。回福州后，他一面经营西药买卖，一面做起戏师父来，除了收徒教戏外，还在市民众教育馆兼任京剧指导。那时上杭路有一个江西会馆，有几位会唱京戏的江西人，如万守愚与邹长青兄弟与邹雁宾等。又值任职于国民党闽侯县党部的顾曼庄是南通戏剧学校的毕业生，于是以刘源沂、顾曼庄为中心，江西会馆为外围，吸收了一些京剧爱好者，成立了福州人籁票房。

《漫记福州人籁票房》

❖ 林辰：人籁票房义演

1930年，顾曼庄应欧阳予倩之召赴广东，沈福寿亦因年老而辞职返沪。社务仍然由刘源沂、饶建选尽力维持着。恰好此时，福州海关调来高级职员赖苏生先生。他系京、沪的著名票友，到福州后，探悉人籁平剧社组织较为健全，便主动提出愿到社中任指导。赖苏生加入后，为人籁的演出增色不少。到了1932年，社址又由西来迁往平理桥，社里同时电请顾曼庄返榕继续担任指导。因平理桥社址临街，每晚排演时，锣鼓之声闻于街上，引起路上行人驻足旁听，欣赏排演者络绎不绝。未几，顾曼庄应本社电请返榕，仍充本社教师之职。是时，十九路军在沪对日军作战，本社社员支持抗战，热情高涨。虽未得到当地政府的协助，本社仍自动发起，先后义演两场，将所得的资金全部寄沪，支持十九路军抗战。十九路军曾复电致谢。1932年，十九路军调驻福建，翌年发动著名的"闽变"，成立中华共和国人民革命政府。欧阳予倩出任文化委员会主任委员，亲自到社访问，并召集本社主要人员谈话，商议结果，决定合演京剧《打倒贪官污吏》。有一天，大家正在东街口教育局内排演时，南京国民党军的飞机竟然来投弹轰炸，幸未炸到排演场所（炸了东街孝义巷）。排演只好暂停。数日后，剧社接到主管部门电令：临时中央政府成立之日，无论如何都应演出。这时排演京剧已来不及，只得临时决定改演话剧《农妇恨》，由饶建选饰农夫，欧阳予倩饰农妇，顾曼庄饰歌妓，刘元禧、刘元汀等人饰游客。公演之日，系在南台歌舞台演出（由饶建选介绍，得到该戏园老板李仲清的同意，除提供园址外，还提供一些如幕景等的帮助）。该剧虽是临时撮合，却演得很紧凑，在舞台上揭露了蒋氏政权的种种罪行和四大家族的种种黑幕，在社会上产生了较大的影响。

《福州人籁票房始末记》

❖ 杨湘衍：七分布景三分戏

民国二十四年以后，福州各戏班设置幕景之风更盛，不惜借款负债，大规模添置离奇古怪的机关布景，用以哗众取宠，迎合观众的好奇心理。如旧赛乐演出连本《火烧红莲寺》（唐崇煊改编），新国风演出《铜网阵》，满台出没神仙鬼怪，配以电光幻景、空中飞人以及油锅、火柱、飞剑、走兽等，极尽新奇怪诞。有时台上硝火弥漫、浓烟四起，台下观众咳呛不已，涕泗交流。

这种竞相设置机关布景的现象在福州剧场蔓延了将近二十年之久。田剑光曾存《闽剧讲话》一书中，指出机关布景的许多害处：一是为了充分发挥机关布景的效能，各戏班不得不专门找些表现神仙鬼怪的戏文来上演，而把传统好戏以至许多新编的好剧目弃置不用，致使演出剧目越来越狭隘。二是舞台上出现的丑恶形象和残酷、恐怖的场面，损害了观众的身心健康。如演出《李世民游十殿》《目莲救母》等戏时，竟把十八层地狱搬上舞台，展现抱火柱、下油锅、挖心剜目等种种惨状，满台鬼哭神嚎，致使有些观众惊叫战栗甚至晕倒场内。三是造成营业亏损。各戏班不惜铺张浪费，为置一出戏的幕景，竟有花费七八千元的，以致上演了好几十场还没能把动耗的血本赚回来。四是增加了戏班迁场演出的搬运费。以机关幕景不断增多，若带几出戏出门，动辄需用十几辆货车装载幕景戏具，出水（尤其是下乡演出）至为困难。五是造成剧场秩序紊乱。机关幕景出现时，观众欲争先一睹，或踏上座椅，或大声喊叫，台上究竟在演什么、唱什么，根本就看不清，听不明。六是容易造成演员伤亡事故。如某班艺人在表演空中飞人时，因钢线太细且结得不牢，失足落下，摔得骨折体伤，终致残废。七是各戏班错误地认为只有机关布景才能卖座，一味在布景上下功夫，从而忽视了艺术表演质量的提高。戏班每日早晨本都有练工调嗓的功课，至此松懈下来。结果在观众眼里，戏剧演出成了"七分布景三分戏"。

《福州的戏场》

❖ 陈鸿铿：郁达夫与闽剧

30年代，福州的闽剧班社在市区演出，一般都租用私人经营的影剧院作演出场所，高台演出较少。一般人也俗称影剧院为"戏园"。南台的戏园多，城内较少。因为交通很不方便，郁达夫观看闽剧，大多在东街的文艺影剧场。他看到当时闽剧的舞台布景新颖巧妙，叹为奇观。看了闽剧，听了介绍，他才明白原来当时各地的新式舞台设计，包括上海等地的"海派"舞台布景，竟是福州人所始创的。最早的设计者是位失去左手的残疾人，设计成功之后，不但福州各班社立即采用，外省争相仿效，而且直到郁达夫在福州看戏时，上海等地各剧场与班社，大多仍然请福州的舞台美工人员亲临设计、指挥搭建。这些都引起郁达夫的极大兴趣。他在福州观看的闽剧剧目有郑奕奏主演的《秦香莲》、林芝芳主演的《梁天来》等，都演得有声有色。郁达夫看了，认为和京剧大师的表演一样，都极优美。郑奕奏、林芝芳两人是当时的著名旦角。郑的表演曾得到梅兰芳的真诚赞许。

梅兰芳赠送给郑奕奏的照片题有"见晚如逢亲手足，应将肝胆照同心"之句。梅、郑的交往及互相推许，郁达夫并不知道；郑奕奏主演的颇卖座的剧目《梅玉配》《万花莲船》等，郁达夫也没有看过，但他看过《秦香莲》后，曾写了两首绝句为赠：

> 不待题诗费评章，艺人才学早芬芳。
> 郑生应解香莲苦，连日因她呕断肠。
> 薄情夫婿轻抛弃，累尔开封万里行。
> 苦惜琵琶诉身世，满腔愁恨酿悲声。

诗中对郑奕奏的表演艺术，给予相当的肯定。郁达夫看过林芝芳的演出后，亦书写一副对联赠送之：难得"芝"兰同气味，易从乌鸟辨雌雄。

《郁达夫在福建的公余活动杂忆》

❖ 陈鸿铿：郁达夫对闽剧的批评

当时闽剧旦角这一脚色行当，可谓名角辈出。除郑奕奏、林芝芳外，陈杏芬、黄荫雾、张歌惠等人，也都相当出色，很受观众欢迎。其中张歌惠有"一日三花鼓"之美誉，即同一天，在同一个舞台，应观众的要求，将同一个剧目连演三场，观众百看不厌，足见其演技之魅力。可惜他们的演出，郁达夫都没有看过。当时，在福州市区，南台的观众一般要求戏曲较为通俗、生动，而城内的观众因具有较高文化水平，一般要求雅俗兼顾，剧本最好也典雅一些。因此各闽剧班社都注意适应这种差别。郑奕奏的表演很注重雅俗共赏，剧本一般也较典雅细腻。他所在的"善传奇"戏班，也多半在城内演出。所以郁达夫较容易看到他的表演。郁达夫对闽剧的剧目和演员也有批评与建议。当时有不少生旦演员镶金牙，他认为这很不好，这种将皓齿变成黄牙的风尚，应该改变。

剧目方面，他认为应该多创新，不要老停留在"后花园私订终身，大团圆状元及第"的陈套之中。他认为福建有不少地方题材，很适宜地方戏曲用以编写剧本，例如南安就创作了《郑成功远渡东南海》，就值得其他地方效仿。他还认为福州是著名侨乡，很早就有不少人到南洋等地做工、经商，其谋生之艰难、别离之情状，都可成为闽剧创作很好的题材。当时闽剧虽也有此方面题材的剧目，如《动身马拉加》（"马拉加"，马六甲之谐音）一剧（写丈夫要到南洋谋生，妻子拉后腿，不让他离家远行），但注重的是打闹取乐，效果并不好。总之，在挖掘地方题材方面甚少建树。主要原因是当时私人经营的戏班目光短浅，只顾及眼前赚钱，并不考虑闽剧艺术的长远发展与提高。

《郁达夫在福建的公余活动杂忆》

❖ 秋心、彦材：左海书店遭迫害

1930年4月，福建省政府代理主席方声涛（仍兼任省保安处处长）根据各方面的情报，以左海书店经售大批"红色书刊"，断定这家书店是"共产党的机关"，密令保安处稽查队队长程诗春率领大批军、警、探突击搜查。书店经理郑家旒因事先已有风闻，早将尚未售脱的进步书刊寄存在安泰桥的元山米店（该店店东陈依才是书店的股东之一），以防万一。军、警搜查书店时，从书店楼上搜出一把手枪（该手枪系书店股东陈某寄存在店里，因那时陈某已就任省教导团副官之职）。市警局侦探长便用手枪威胁书店学徒颜祖根。颜祖根供出书刊已寄存在元山米店，军警即往元山米店搜查。陈依才闻知左海书店被搜查后，即动手将书刊往米店屋顶转移，可是时间太匆促，来不及转移好，结果军警从元山米店搜出大批进步书刊。随即，左海书店经理郑家旒、学徒颜祖根和元山米店店东陈依才三人被押往市警局侦探队，左海书店与元山米店同时被查封。书店遭搜查时，店内所有书籍、贵重文具、家具及现金等皆被洗劫一空，探警们趁火打劫，发了一笔横财。搜查之时，自宫巷至安泰桥的大街上交通断绝，行人车马均须绕道，军警如临大敌，气氛非常恐怖。当时秋心适与三数友人在附近的茶楼午餐，闻讯后急忙夹杂在人群之中，赶到书店门口探望。这时郑家旒等人已上了手铐，正被押上车。当郑家旒的目光与秋心的目光接触时，频频示意，要秋心迅速离开。这天秋心不敢回家。次日早上，秋心的家周围密布便衣警探，打听秋心的行踪。第三天清晨，几十名警探包围秋心的家，倾箱倒箧，大肆搜查，乘机劫夺衣服物件，使秋心家损失惨重。

事件发生的第二天，本市报纸均以显著的位置刊登这桩新闻。日本领事馆主办的《闽报》在第一版以一号大字刊登题为《福州破获共产党机关》的报道。其他各报则以"左海书店是赤色书店"为题，竞相发表耸人听闻的消息。与此同时，厦门、上海各报的专电栏普遍刊登其福州特约通讯员发来的电讯，《厦门民国日报》（国民党厦门市党部的机关报）还发表了一篇短评。在福州，从各机关、学校到一般社会人士，均将此案件作为政治新闻来谈论，真是闹得满城风雨。

过了几天，又听说股东陈某在省教导团被扣，省保安处要提讯陈某，被该团婉拒。街头又纷纷传说秋心与共产党的地下组织有联系，所有进步书刊均是由秋心赴沪接洽运到福州的，更迫得秋心四处避难，由西门亲戚家转移到下渡朋友处，后来转移到福清乡下避匿多时。

此案发生后，书店经理郑家旒遭受的磨难最为严重。在市警局审讯时，因为事属冤枉，无供可招，陈依才、颜祖根被先行释放，郑家旒则被市警局侦探队移送军法会（军法会隶属于戒严司令部，是专门对付共产党人和土匪的恐怖机构）审讯，受过"灌水"、用"熨斗"烙身等种种酷刑鞠讯，逼他供出共产党的组织，被折磨得遍体鳞伤，成为残废。郑家旒坐了一年多的冤狱，最后还是用几两黄金向首席法官王怀晋打通关节，才得以保释回来。此时，左海书店的财产已损失一空，股东们惊魂甫定，谁也没有勇气继续经营下去，终于把店面出让他人。所谓"赤色书店"的大冤狱，就这样结束了。

《福州左海书店冤案的真相》

❖ 陈国振：抗日报纸《综合日报》遭难

"一·二八"淞沪战役爆发时，中国青年党福建省党部为宣传该党"在国难中加强团结、一致对外抗日救亡"的主张，指派该党成员李实平、刘永济、周显模、林长翔、沈觐康、刘永保等人在福州筹办《综合日报》。报社社址设在福州城内通湖路宁庐内，由李实平任社长兼经理，刘永济任总编辑（重要社论多由他的父亲刘以芬执笔），周显模、林长翔、刘永保等担任编辑。该报发行数大约每天1500份。

当时全国人民抗日热情高涨，爱国人士无不为抗日御侮奔走呼号，但本省的一些显要官僚竟仍过着醉生梦死的腐朽生活，常常与一些新老资本家聚会，花天酒地，极尽玩乐之能事，甚至一掷千金地豪赌。1932年某日，青年党成员、福州市公安局二署（办公处在西门西峰里）署长沈觐康经探查得知，当时任福建省政府秘书长的郑在莪、任福州市公安局局长的郭咏荣两人于是夜与泉裕钱庄的大少爷×××（忘其姓名，泉裕钱庄设在福州南台潭尾街）聚集在泉裕钱庄内豪赌，输赢之数达十余万元之多。《综合日报》便将此写成新闻，在报上予以详细曝光，并配发一篇社论，题为《在国难中豪赌》。

此事引起社会轰动。郑在莪、郭咏荣两人恼羞成怒，大发雷霆，即日派了警探人员到通湖路宁庐的《综合日报》社内，将李实平、刘永济、周显模3人拘捕，囚禁于福州公安局狱所多日，并立即将《综合日报》查封，不准继续刊行。《综合日报》社被迫停刊后，也立即发表《宣言书》，将被查封停刊的原因、事实经过公诸社会大众，引起社会各界对腐败官僚的普遍谴责。此事亦是30年代新闻界的一大事件。

《〈综合日报〉与〈人权早报〉亲历忆零》

❖ 陈国振：声援"闽变"的《人权早报》

1932年夏十九路军入闽后，分主军、政大权的该军领导人蒋光鼐、蔡廷锴二位将军大力整顿地方政务。该军总部入闽之初即派随军记者钟翰华筹办《人权早报》。报社社址设在福州城内双门前。由钟翰华任社长，十九路军秘书处处长关楚璞兼任总编辑（钟、关两人是广东人，均系青年党党员）。我任经理，兼管出纳、发行等工作。陈浩等人任编辑。因为报名定为"早报"，因此每天都要很早发行，尽快将报纸发到读者手中。

南京中央政府是以"剿共"军事告急为借口将十九路军调驻福建参与反共内战的。十九路军从自身的经历中深刻认识到蒋介石的积极反共、消极抗日是完全错误的。入闽后，十九路军的领导便积极与全国各界主张团结一致、坚持抗战的人士结盟，准备建立新的抗日反蒋政府。《人权早报》即是为此目的而创办的，所以《人权早报》自始至终都坚持"团结、反蒋、抗日"的宣传方针。1933年11月，反蒋民主人士李济深等与十九路军将领陈铭枢、蒋光鼐、蔡廷锴等人在福州发动"闽变"，正式成立人民革命政府，与南京政权公开对抗。事变发生后，蒋介石亲自出任"讨逆军"总司令，调动其嫡系将领指挥的陆、海、空军进攻福建。蒋介石用挑拨离间手段，拉拢两广军阀陈济棠、李宗仁等出兵夹攻十九路军。在福建内部，蒋介石利用亲日派人物勾结日本浪人在福州、厦门等地捣乱；收买卢兴邦、刘和鼎等福建地方武装和厦门海军指挥官及市长黄强等一起对抗十九路军。在内外夹击下，福州、厦门先后失陷，十九路军经由泉州、漳州向龙岩地区撤退，最终为广东军阀所收编。李济深、陈铭枢、蒋光鼐、蔡廷锴等先后出走香港。《人权早报》负责人钟翰华、关楚璞得到前方失利、军队撤退的消息后，亦即通知《人权早报》停刊。钟翰华直接离闽赴港，关楚璞先避入法国领事馆，后再赴港。我办妥终止业务相关手续后，也前往湖北省宜昌地方法院任会计科书记官之职。

《〈综合日报〉与〈人权早报〉亲历忆零》

陈鸿铿：受日本情报机关操控的《闽报》

《闽报》被公认为日本帝国主义文化侵略的工具，实际上，它也是日本情报机关在福州从事情报搜集的组织之一。根据清代中叶以来所有不平等条约都有的条款，在福州的日本侨民享有"领事裁判权"。就是说，凡是日本侨民与中国公民发生的诉讼事件，若日本侨民是被告，中国法院就无权受理，须归日本领事馆"裁判"。《诗经》注云：人之无礼，不如相鼠有皮。但若是相虎蒙皮，这种"领事裁判"还有什么法律公正可言？对日本侨民尚且如此，对名为"蓬莱阁"、实为日本领事馆所办的《闽报》，闽省当局能奈之何？《闽报》于是如虎添翼，在福州各报中享有最充分的"言论自由"。

《闽报》主笔林宝树，台湾人，日本殖民地公民。但抗日战争开始后，《闽报》也威风不再。该报有个编辑林白（字无玷，笔名"竹影"，福州人）在《闽报》上连载长篇小说《古松村》，并无章回，信口开河，多半是影射当时的头面人物。抗战初期，林白即被驻闽绥靖公署逮捕，终以汉奸罪被枪决。林死后，家属领回放在监狱中的物件。其中有个搪瓷脸盆，底上写有折枝诗一首。林白是当时福州最著名的诗社志社的成员，此诗是他为志社成立十周年举行的征诗而作的，眼字是"十、本"第一唱。林的诗句是："十指养亲侬史此，本心从贼我何曾？"林白就刑前将此诗重录在脸盆底上。论者或谓林之委身《闽报》乃谋生之需，并未从贼；杀身之祸系影射招怨所致。

《旧报界异闻纪实》

老福州_ **241**

❖ 陈庭煊：中央社变"造谣社"

随着国民党军队在内战战场上节节失败，各地普遍存在的官员贪污腐败和官商勾结、投机倒把等问题日趋严重。随着国统区日益缩小，财源枯竭，国民党政府滥发货币，引起物价飞涨，民不聊生，国统区很快呈现全面崩溃之势。但中央社福州分社仍照常定期播发当地官方统计的、已大大缩小的物价指数和所谓平抑物价的"措施"，对这些全是骗人的假话，群众十分反感。为了补充兵力、向前线输送炮灰，国民党的兵役部门在光天化日之下，于城乡各地滥抓滥捕壮丁。抓来的壮丁衣衫破烂，被押送过街，有的还戴上手铐。中央社总社和福州分社发布的新闻却都是"各地青壮踊跃应征入伍"、"新兵受到良好的待遇"等自欺欺人的鬼话，社会各界非常愤慨。

淮海战役打响后，东南沿海各省处处风声鹤唳。被视为东南战略要地之一的福建省省会福州，人心浮动，党政大小官员、富商巨贾更是惶惶不可终日。中央社福州分社的编访人员在朝不保夕的惊恐忧虑之中，被要求迅速采集重要信息，抓紧反映政情和社会动态，还要为编撰"戡乱捷报"疲于奔命。分社主任袁振宇也被迫亲自出马，与当地军政首脑频繁接触，沟通情报，并亲自动手写报道稿。

一天，我外勤活动回来（我这时是分社的外勤记者），推着自行车刚进通讯社，传达室的老头一见到我，便急忙传话："袁先生找你，要你赶快到他家去一趟。"这"袁先生"的称呼，是袁振宇要求部属对他的尊称，他说他不习惯大家称他为"主任"。他的太太背地里告诉我们，国民党的一些重要人物都喜别人称他为"先生"而不称官衔，以示儒雅。我听说"老板"有召，便又推车直奔袁家。当时，中央社福州分社的社址在福州城内杨桥路，袁振宇的公馆就在附近的塔巷。我到了袁家，一进门就听到"噼里啪啦"的麻将牌声音，心想，这时候还有闲情消遣作乐？其实，在当时的紧张形势下，不少人为了摆脱风云变色所造成的巨大心理压力，常借酒消愁，或在牌桌上解忧。

......

我跟着袁振宇，走进他的内寝室。他让我坐下来，开口便问："今天有什么重要消息？外面人心动态如何？"这类问题是他近来经常发问的。我答道："今天没有听到什么，外面还是那样。"对我这种毫无内容的回答，他也是理解的（近一段时间，社会上议论纷纷，不外都是怨叹内战不得人心、官商狼狈为奸、官员贪污、物价飞涨、民不聊生等等）。袁振宇哼了一声，拉开写字桌的抽屉，取出一个信封，递给我说："你看看。"

我一看信封，便知那是密件，即"中央社内参"，是总社专门发给各地的负责人参阅的。有的也抽出一部分给编访人员看，作为参考或示范。我打开一看，原来是翻印的新华社关于淮海战役的一篇战地通讯，文中极其生动地描述淮海战役中国民党军队丢盔弃甲、溃不成军的惨状，以及黄维兵团在双堆集遭解放军围歼及黄维与成群成批的官兵被俘、狼狈不堪的情况。我看完后，袁振宇斜着眼睛，故意淡淡地问："怎么样？你有何感想？"我不由一怔。我想起不久前，中央社总社刚播发一篇前线报道，夸耀全副美式精锐装备的几个兵团士气如何高昂。吹嘘在淮海会战中"必操胜券"。对照起来，是何等辛辣的讽刺！我愣了一阵，不知如何回答，便似是而非地说："写得太夸张了吧！当不致如此吧。"

袁振宇冷笑一声，随手将"内参"拿回去，放进抽屉，随即板着脸说："夸张？夸张也要写得有材料，写得动听，能让人相信。我看新华社有人才，记者又敢于冒着生命危险深入战场采访，才能写得这样生动。我们中央社的编访人员多是老爷，就没有能抛出几篇出色的报道。现在是战场上打不过人家，报纸上也打不过人家。大家不感到惭愧吗？"他非常感慨地叹了口气，又摇摇头。显然，他的这番愤世嫉俗的高论，并没有把他自己也算在应该"感到惭愧"的范围内。前不久福建省政府社会处送来的反共宣传材料，捏造所谓"投诚的国民党军政人员后来又被共产党镇压"的谎言，他亲自加工成新闻稿，还加上"变节投敌者戒"的标题，作为重点稿件报给总社转发各地。他说的中央社的编访人员中没有人才，也是不公道的。事实胜于雄辩，再好的手笔也不能掩人耳目、抹杀事实真相。淮海战役的结局已是举世皆知，再高明的编访人员，能把战场实况描绘成"国军大捷、共军惨败"？能否定黄维兵团在双堆集附近被全歼及黄维被俘的铁的事实？颠倒是非，到头来是要成为笑柄的，中央社不是早就被国内外讥为"造谣社"了吗？

《中央社福州分社亲历忆述》

第九辑

老福州的
逸闻旧事

❖ 萨伯森：金汤浴池，久负盛名

当年，福州汤堂设备佳者，分为普通池、个人池、女个人池，普通座、特别座、女客座等，价格不同；并有理发、擦背、按摩、修脚、捏趾等，为浴客服务，定价不高，而赏钱随意（俗呼小彩）。

当福州汤堂最盛时，有人请余撰制楹帖，为作一联与之，句云："疾可治瘰衰化健；夏能祛暑冬攘寒。"（当年报刊有登载）录入《爽庵楹联剩稿》。目前，全市澡堂共十余家，而机关、工厂自设浴室者不少。

福州远郊之雪峰，亦有温泉。《八闽通志》云："汤泉，距雪峰院八十里，僧可遵尝作偈曰：直待苍生尘垢净，我方清冷混常流。"宋苏轼、李纲皆有和作。苏轼诗云："石龙有口口无根，龙口汤泉自吐吞。若信众生本无垢，此泉何处觅寒温。"李纲二首云："温冷泉源各自流，天教施浴雪峰陬。众生尘垢何时尽，汩汩人间几度秋。""玉池金屋浴兰芳，千古华清第一汤。何以此泉浇病瘦，不妨更入荔枝乡。"诗见《雪峰山志》。

福州旧城七门，东、西、南、北之外，还有水部、井楼、汤门，以"汤"名城门，具见温泉之富足。后来地质探测，福州遂有地下"大锅炉"之称，成为著名"温泉城市"。具有分布广、温度高、水压大、埋藏浅之特点。温泉分布范围，北起树兜，南至王庄，西到五一路，东达六一路。南北长约五公里，东西宽约一公里。浅水层由沙砾、卵石层组成，埋深 40—60 米。水温 45—60℃。单位涌水量，每秒为 0.5—1 升，最大达 13.76 升。钻孔涌水量，每日 90 吨。浅层中温泉开采储量，一天为 20000 吨左右。

《福州温泉概说》

❖ 林传成：何似此泉浇病叟，不妨更入荔枝乡

提起温泉，会有一股暖流涌上心头，觉得浑身舒坦，而提起福州的温泉，就更令人心旷神怡。福州的温泉得天独厚，即在市区。根据记载，宋朝宰相、民族英雄李纲吟温泉的诗有："玉池金屋浴兰芳，千古华清第一汤。何似此泉浇病叟，不妨更入荔枝乡。""温冷泉源各有流，天教赐浴雪峰陬，众生尘垢何时净，汩汩人间几度秋。"说明宋代福州的温泉就有盛名了。

本市汤门外温泉区内，只要在冲积层上向下挖掘，即有热水涌出，高温热水在70℃上下，低温的在40℃上下，多属硫磺泉，走进这个地带，就会闻到一股淡淡的硫黄气味，对关节炎和皮肤病均有疗效。水量特别多的地方，从地下不断涌出地面，如古山座、十磰（汤井巷）、八角井、青蜩池（东门外晋安桥北）、福龙泉等处，其中除古山座的温泉，于1972年才停止自流外，余早先后停止。史载：福州第一个凿井的名叫林道镕和林道宝两兄弟，他们在菜园中发现有温泉，于是就凿井引汤，开设天生泉澡堂，随后，在温泉地带就有许多人凿井引汤。全市浴室和澡堂最盛时期有70多家，包括日本人开设的"热屋"澡堂，拥有汤井170多口（不包括菜馆兼营的浴室）。一个城市经营浴室澡堂之多，真是全国少见，福州可称是"天下温泉第一城"了，福州因市区有温泉而闻名于世。

《漫话福州温泉澡堂》

❖ 林传成：闽地温泉，龙泉第一

据该澡堂的后代陈明钦回忆，开业时间约在清康熙三十四年（1695），距今近三百年。陈家原是长乐坑田人，明末迁来福州郊区水头村，后又迁到金汤境（亦称后井）。这个地方原是历朝操练军队的营地，由陈家看守，以后营地荒废，陈家看到营地内有温泉涌出，故想经营澡堂，于是向布政司衙门申请租用营地，经布政司转报兵部尚书衙，上奏皇帝批准后开设澡堂。早期的福龙泉只有三口普通池、一百二十个座位，后来逐渐发展到有特别池和个人池等二百多个座位。楼下有特别座十一个房间，四十四个座位，男个人池十口，女个人池十口，有二十个座位；楼上特别座大厅有二十四个座位，房间二十四间，有一百多个座位；中楼大厅五十至六十个座位。有汤井九口，大冷围池一口，还兼办菜馆。该澡堂设备在早时算是上等的，以后退居中上，不过卫生条件很好。所用浴巾、面巾、茶具等均由一个童工负责进行消毒，洗浴的对象多是达官贵人、殷商巨富。陈明钦十八岁时（1917），接管祖传产业福龙泉，把过去按人头分股、按股轮流管理的办法，改为定人管理，统一分红。解决了"营业旺淡靠天气，收入多少靠运气"的矛盾。

当时福州一些比较上等的菜馆，设有供堂会用的戏台（如南台苍霞洲广裕楼），有的设有洗澡的设备（如双门前聚春园、安太桥荔香社），有的两者都有（如妙巷别有天和东街三山座）。所用的汤水都从福龙泉挑的，说福龙泉原是营地，从地面涌出的汤水，大家都可取用，但福龙泉不让挑，说营地是承租的，从清朝皇帝到民国总统时代，都有缴纳地租，故有管理权和使用权。官司打了三年，最后经大理院判决，确认福龙泉有权管理地下的汤水，别家要汤须交钱。民国十九年间，明园百合澡堂建成后，大大影响福龙泉的业务，为了挽回不景气的局面，故于民国二十四年（1935）筹备搞"庆祝建店二百四十周年"活动。适逢国民党政府主席林森由南京回榕，到澡堂洗浴，陈明钦及其叔父陈扬炎告以准备搞庆祝活动事，请题字增辉。林森用阔二米、高一米半的纸写"龙泉第一"四个大字，小字写"吾闽温泉之佳，以福龙泉称最，浴之有益健康，温泉主人二百余年世守其业，尤为称祝，今值二百四十周年纪念，特书以寄赠，并勖之。民国二十四年九月，林森（盖章）"。福龙泉通过庆祝建店活动，对浴客大优待，汤费只收半价，搞了几个月营业。以后福龙泉主人将此幅题字加以裱背，配上红木刻板贴金制成的古铜色匾额，挂在楼梯口的正面，大大提高了福龙泉的声誉。

《漫话福州温泉澡堂》

❖ 伊通甫：福州的旗营生活

从咸丰年间起，连年战祸，生活逐渐降低（银饷不敷物价上涨），尤以庚子年以后，受帝国主义的侵略，人民生活日见贫困。在这种情况下，满族旗营钱粮依然如故，既不扩充，更不准自谋生活，而又不加薪，且将冬衣、瓦片、房银等津贴取消，所以旗营官兵均感失望。至于协领是一旗的首长，他的薪俸每月不过30两，折合大洋42元，其他官员那就更少了。有的骁骑校、防御营官员，经常将他的官银送进当铺抵押，遇到将军传见或典礼时，则到处借债，把官银赎出穿戴一下，事后依然送进当铺。这是常见之事。如东门外庆泰当铺、仙塔街慎庸当铺等处，都是他们的主顾。再说将军是个一品大员，每月薪俸只有120两银子，折合大洋也只不过168元。当时一般均认为是个苦缺，无人逐鹿。于是以后派到福州做将军的人，不是兼任闽浙总督，就是兼任闽海关监督，将军缺遂复变成肥缺。在慈禧掌权时，有个宗室叫崇善的，连任福州将军九年，他不但兼任闽浙总督，还兼任闽海关监督，卸任时饱载而归，然而民不堪命矣。

旗营官兵钱粮是由福建省库拨给，每月由军署"右司"（等于军需处）造具花名册向福建省布政司署领现银（布政司俗称藩台，等于财政厅），以后通知八旗协领办公室前往具领。每旗领到不是银锭就是元宝，无法分配，于是各旗负责钱粮的"领催"，必须将银锭送到井楼门永美钱庄兑换碎银和大洋，以及台伏、铜圆、铜钱等，这才发放到官兵之手。经过这几道手续，就受到中间层层剥削；开始在藩台署的天平剥削一层，到将军署右司天平上又剥削去二层，永美钱庄上天平剥削了第三层，协领衙门负责的"领催"是最后一层剥削。这"领催"是每月轮值一次，叫作"当月"。领催在发薪时，有良心的至少要侵吞20余元，黑心的还不止此数。每个马、步甲领到饷银回家后不见有人笑颜，不是咒就是骂。原因是这包饷银，除了几个烂板大洋（俗称烂板番，是将大洋铲去一片银子，然后用钢字在上面钻得不成样子），其余全是铜圆和台伏（台伏钱庄的票条）。这种大洋在市面上每元只值七折，按理说每个马甲每月应得四两二钱银子，折合大洋是五元八角八分（一两银子折大洋一元四角）。但是由于领到手的大洋五元是烂板番，若以七折算，只值三元五角了，中间剥削达一元五角之多，焉能不令人咒骂。

至于米粮，也是福州省库拨给，每月由右司造具花名册，送粮道衙门，同时由右司发给旗营官兵每人米票一张，按每月初三日持票到西仓去领米。这米原是浦城顶好的红米，可是运管米的粮道，事前将好米换出并将泥土、细砂、稻谷等掺拌其间，原额2500担米，至少盗去500担。这还是有"良心"的官，那些心狠的赃官则盗窃更多。彼时不但无人检举告发，有的甚至认为是传统惯例。所以旗营兵丁领得之米，总要求人加工，结果一担米只剩了五斗。步甲应得的半担米，也只有二斗半，只够一人糊口，马甲所得之米也只能维持两个人糊口，所以家口多的人生活就感到困难，就是上自将军，下至骁骑校所领的米也不例外。不过每年秋收后，他们是有俸米的，如骁骑校可领二担纯大米，官愈高数愈多。这种纯大米是不用加工的，并且比市上所售的要好得多。一般旗民是困苦的，但少数财主也是有的，如大斗彩巷马家行眷境寇家，他们就是靠捐官、搜刮、放高利贷发财的。

《福州满族旗营》

❖ 伊通甫：清末编练新军

自从1900年八国联军进入北京后，逼得慈禧太后和光绪帝逃往西安，这才觉悟鸟枪、抬炮和部队编制是过于腐朽了，乃通令全国编练新军。福州将军曾祺受命后，即将旗营中青壮年选出千余名，编前后两个营，每营辖有五个哨（等于连），每哨分三排，每排分三棚（即班），每棚列兵计12名。前后营均分为前哨、后哨、左哨、右哨、中哨。各营有管带（即营长）一员，督队官一员又称帮带（等于帮副）。每哨有哨官一员（即连长），哨长三员（即排长）。每排有什长（班长）三名，靠近（即副班长）三名，每棚列兵12名。统辖两营的首长叫作统领（即团长），在其下又有一员帮统，又称教练官（即团副）。这旗营新兵编制大致如此。当时这新军称为"八旗捷胜营"。其办公及训练地点在汤箭道。

八旗捷胜营用的兵器，是购自德国的毛瑟枪，每枪附有布带一条、子弹盒一个、子弹100发。这种枪只能一发一装填，口径是9.5毫米，子弹是铅头弹，杀伤力甚强，比鸟枪是进步了一些。

八旗捷胜营的薪饷，规定每兵每月只有一两八钱八分的银子，折合大洋不过二元六角三分而已。每月初一各兵到本哨哨长家中去领，发的是市内钱庄所发行的票条，限于市内流通。当时列兵所领的钱叫作"薪水"，原来马甲所领的四两二钱、步甲所领二两五钱叫作"饷银"。

八旗捷胜营在初成立时，每人领得军服一套，皮底布靴一双，一尺宽的青布包头一块，就是没有军帽。所发的服装是免费的，比起马、步甲一切袍挂全是自备要好得多了。服装分为两季，冬季是青斜纹布的，夏季是青麻布的。在夏季不发给包头，由每人自备一张"遮阳"。其形如扇面。用布骨和青布做成，同时将此"遮阳"大的朝下，小的朝上，覆在脑门，用发辫环绕之即可遮着太阳。军服是中式对襟短衫，在胸前第二扣沿左边绣以"八旗捷胜营"五个白字，沿右边绣以"某营集哨"四个白字。带兵官的服装也是中式，但胸前不绣字，在袖管上按阶级缝上金线和有蟠盘的铜扣。统领是三道金线，两个豆扣。管带是一道金线、两个扣。哨官是三道金线一个扣，其余依此推之。至于各官所戴的帽子依然红缨帽，靴子大半是大绒的，看起来虽然是腐朽，若比旧制又稍感进步了。到了1904年以后，各兵取消了包头和遮阳，改换瓜皮小帽上面安一遮阳，带兵官也取消了红缨帽改换瓜皮小帽，不久又将小帽取消换成军帽，在军帽平顶上仍钉上一个红丝线制成的帽顶，不伦不类，令人啼笑皆非。这是朴寿将军的创举。

编制既定，开始训练。开始先练德国操，但是旗营中无人熟悉，而又无力聘请德国人员，虽然有现成德国操典，而未经过实习，亦难了解，幸此时驻福州湘军改为陆军第十镇，乃由旗营派人到第十镇去学习，这才加强训练下去。其后清政府感于德国操诸多不便，不如采用日本操比较上算，并且日本留学生已经陆续回国正当其用，于是全国军队都改学日本操。同时在各省成立武备学堂，聘日本人当教习，以培养军事骨干，而八旗捷胜营也改为日本操，并派苍庆祥、冠普亨、吴振桦、王桂山、关朗如，及水师旗赖延等，到武备学堂求学。不久又从武备学堂选送优秀的前往日本留学。王桂山便是当选去日本士官学校学习的。在八旗捷胜营内又设立一所"学兵营"，招收旗营青少年百名，分为甲、乙两班。甲班是初中课程兼学初级军事学和满、英、日文。乙班是小学课程，作为甲班毕业后候补。甲班毕业分配到捷胜营补缺，在甲班中亦选优秀生到国家军事学校和国外留学，如罗文润留学日本宪兵学校，傅宝贵、何玉章留学日本士官学校；何泽培、冠元楷、傅柏英、郎敬侯、佟剑涛等送入保定军官学校。从表面上看捷胜营是蒸蒸日上，实际还是腐朽不堪。首先是带兵官全是不学无术的老顽固，如统领、管带、哨官等大多数是原来的协领、佐领、防御等兼任，老朽不堪言状。其次是士兵，这1000多名士兵不是集体生活，而是自由散漫。不过每天集结在操场操练三小时而已。如遇雨天立即停止，平时各兵散居家中，有操无操亦不得知。无通信设备，只有一名传令兵在各街巷喊叫。其中有听到的，有没有听到的，因此参差不齐，秩序纷乱，乃司空见惯之事。由此可见八旗捷胜营新军的素质如何了。

《福州满族旗营》

❖ 林厚祺："打倒旧历年"

辛亥革命前，衙门照例过年封印。农历十二月二十四日各衙门由长官监视下把大印藏入印匣，贴上封条。过了春节长官亲临启封，才得启用。在封印期间，政府不办公，不对外行文，全部工作停了下来。民国以还，北洋军阀统治中国，不好意思沿用封建时代的封印制度。但军阀政府机关名义上不封印，实际内部办公全部停顿，到春节将近，长官根本不来，下属划个卯都回家过年去了。国民革命军进军福州，带来了浓厚的革命空气。当年除夕和大年初一有革命队伍，佩着精武带（当时军官和政工人员佩的一种特制的皮带），结队游行，沿街喊着口号，大呼"打倒旧历年"，"实行新历年！"老百姓不敢大放鞭炮，但过年还是一样。国民党政府定都南京，春节照样放假，机关单位在春节前后除紧急重要事务外，公务亦无形停顿。法院在这期间很少发出传票，尤其开正以后，老百姓认为新年过堂是终年倒霉，不肯到庭，发出传票也是枉然，所以多在正月初十以后开始传讯。军队和机关不同，他们负着守卫疆土的重责，春节期间，尤须提高警惕，防备敌人利用节日偷袭突击。但中国人对有数千年悠久历史的春节，自幼耳濡目染，何能健忘。除在作战和地处最前线外，长官们不得不让士兵买些酒肉，欢喜地过年。

《福州春节忆旧》

❖ 萨伯森：先叔萨镇冰轶事

公任海军总长兼代国务总理时，乘坐Ａ字号新型小汽车。某日公毕回寓，午饭时间已过，便乘原车到前门大街恩成居小饭馆便饭。人知其是国务总理，纷纷拥入观睹。此事一经宣传，恩成居便大著名，生意兴隆，后来成为北京大菜馆矣。

公在兼代国务总理之时，曾独自步行到电灯公司缴纳灯费，亦传为美谈。

公任海军总长日，余入都谒公于京寓，是第二次相见（余于先将军逝世之次年，适公旋里，住大墙根，往谒之，为第一次见面，余是十岁孤儿）。只见门前一卫兵、传达室一老仆而已。当时，各阁员公馆皆是车马盈门，而公乃俭朴若此。

新春，族叔嘉榘（字逸樵，时在国务院任职）宴同宗之旅京者于闽菜馆涌泉居。少长咸集，余亦在座。待公未至，众正盼望间而公入；出时表相示，与所约之时分秒不差。其守时准确如此。是日，公不坐小汽车，亦不带侍卫。

公在福建省长任内，将署中空地（旧日闽浙总督衙门之箭道）拆墙通街，辟为马路，以利交通。人称曰"肃威路"，以公有肃威上将军头衔也。族叔嘉曦，字寄农，作《肃威路记》一篇述之。

公任福建省长时，经常微行察访。一日到其戚某家，见其窭蹙状。戚出瀹茗待之。公不告而去。戚入室，于床上得银圆五。盖公所遗也。公生平救恤之事极多。人称曰"菩萨"，妇孺成知，友邦人士亦知之。

公身为省长，虽工农求见，必亲自面谈。一日，有西郊农民数人，到公署门前求见萨省长。门役以省长甚忙，不能接见辞之。适公步行出街回来，在旁应声曰："我就是省长。"又对门警说："要爱护民众，以后有老百姓求见，不要挡驾。"即带农民到会客室，以礼相待。

《先叔萨镇冰轶事》

❖ **杨立:** 民国初期的道路建设

1928年，时杨树庄任福建省主席，在建设厅长许显时、工务局长林恩溥的倡议和主持下，打通了由布司埕（明、清布政司衙门口）出鼓楼前、经双门楼下、南街、南门兜、茶亭、洋头口、吉祥山、铺前顶、小桥直达旧大桥，使这一条贯穿市区南北的主要公路（现"八一七"路）成为直线，但狭窄不平，到新中国成立后才予以加宽。

▷ 1932 年新建的桥梁

同时，开辟了一条由井楼门街横穿"及园"（官僚马光桢的房子），通按司前（清按察司衙门前）街到鼓楼的新路。新中国成立后，鼓东路经西门街（现鼓西路）直达西门兜，这是一条贯穿市区区西的马路；并拆除西门街的万寿宫修建湖滨路，直通现在的西湖公园正门，从此，到西湖游玩的市民，不要再绕道出西门外了。

以上几条路修建后，市民称便，然仍是狭窄不平，到新中国成立后才加宽加固。在国民党反动统治时期，能够有此建设，也算是难能可贵了。

旧大桥（万寿桥）和仓前桥（"江南桥"）之间还夹着一个小小的洲屿叫"中洲"，把二桥连接起来。原来都是狭窄的石板路，1930年方声涛代省主席时，曾加以扩建，工程由日本商人承包。1943年陈仪任省主席时，在建设厅长陈体诚任内，还修建了一条福州到马尾的公路，只有三米宽，路面高低不平，路上行车，三步一跳，五步一摆，只能算是简易公路。

《解放前后福州的马路和市内交通》

❖ 吴舟孙、郭云展：群妓侍官宴

1922年，粤军入闽驱走李厚基，粤军将领许崇智来到福州，原是重游旧地（许的先人许应骙曾任闽浙总督，许做少爷的时候生活在福州），他对福州妓院本很熟悉，此时在驱李之后，颇鸣得意，日夜大肆征歌选色。常常派副官乘大汽车到田墙街挨户点谱，征集妓女至少十余人，或二三十人，装入汽车呼啸过市，车进衙署之后，先把妓女安顿在副官处，待客人入座后，妓女列座侑酒，并大唱戏曲，闹至深夜始休。席残人散时，许指妓女中当意者留下过夜，天明即遣去，如是者非一朝一夕。稍后，王永泉在福州当政，亦仿许崇智征妓的办法，但王永泉不是专供自己享乐，那时他正在曲意奉承皖系军阀的智囊徐树铮。徐在福建擘画"制置府"，各省政客冠盖如云。王永泉做了东道主，五日一小宴，十日一大宴，每次宴客都是裙钗成群，副官忙于张罗妓女，每次也是驾一辆大汽车到田垱街，随带持枪马弁数人闯入各妓院，按名单呼人，集中于一处地点，集齐后上车，直驶将军署。妓女被分配各桌陪酒，酒量较浅者，被那些放浪形骸的政要先生灌得呕吐不得，求饶不能。必须满足客人这种变相的虐待狂之后，妓女始能脱身，不敢稍有失礼。

《福州的娼妓》

❖ 吴舟孙、郭云展：方声涛烟床受窘

方声涛做过军长回来福州，在未接任福建省政府主席之前，有一段无事逍遥的日子，遂寻花问柳，喝酒吹烟。有一天，在某处晚宴毕，座上有盐运使何子然之弟（人呼为"何少"），自告奋勇陪带方声涛和客人同往"花亭后"的妓女白菊花处。方入门后，烟瘾大作，一时颓然倒在床上，"何少"见状大献殷勤，即令备办烟具，在烟盘上的"孔明灯"点亮之后，"何少"要白菊花为方装烟。这在白面厝里原是一件极为平常的事，不料白菊花竟嗔怒抗命，她说："我虽是一个白面，但我不能做这种奴才的事，你不要看人太贱，你势力再大，也不该欺压女流。"说完不顾而去，顿时全座客人大为惊愕，这位"何少"给这几句话冲撞得怪难堪，目瞪口呆，不知所对。正想大发雷霆，被方阻住了，方怕闹起来对自己面子有碍，于是匆匆吹了几泡烟，带大家离开，转入杏花天，想在这里出口气，大发条子增呼别家的妓女，白菊花名在其列。她的伊嫂接到条子，惊惶万分，怕菊花此去必遭侮辱。但菊花本人还很镇静，她知道不去则大祸立至，去则吉凶未定，由是硬着头皮去了，到时对客人说了几句赔礼的话，闪身在旁，结果没有发生什么事情。据说这是方声涛有意试试她的胆量。姊妹群中认为菊花不避权贵，替弱者吐了一口气。此事传出后，全市道听途说，成了一时的新闻。

《福州的娼妓》

❖ 吴舟孙、郭云展：娶"十二金钗"

福州的"六公子"，是田垱街有名的纨绔公子，其人有曾宜（"曾长兴"纸行老板）、陈昭鼎（木行老板）、陈振裕（"茶兴顺"纸行老板）、张铜铜和张铁铁（"崇吉钱庄"兄弟老板）、叶老七（"新奇春"绸布店老板）。其中曾宜尤以瘟劲见称。他家中原已有妻妾，但为故显豪阔，要想娶个成数，以博"十二金钗"的雅名。计前后被他要去的妓女有双燕、三桂、小平儿等七八人，最终虽还没有凑足，而曾宜"十二金钗"之名已经嚣然尘上了。曾宜的娶妓有着不少瘟客的趣闻，白面厝的老板和伊大摸透了"曾爷"的脾气，多半是设好圈套硬栽给他的。例如他在菜馆里应酬，时常有妓陪酒，当他酒酣耳热之际，外边来了个人，通知在座的某个妓女准备另赴他局。过一会又来催一催。曾宜心里有些冒火了，怀疑是谁有意和姓曾的争风，他便鼓声鼓气地喊道："不要去，把家私叠起来（意思是不要再做生意了）！"背后伊大笑逐颜开，和他讲好身价，就把这个妓女抬上门来了。曾宜特地在南台霞浦街建了一座大厝。把要来的妓女都安顿在里面。曾门一入深如海，妓女进门就丧失了自由，只准她们在门内走动，一律不得外出。屋子的首进，装有一架电话，住着一个切脉的老郎中王耀星，他受曾宜委托管家，看守这些女人，屋里的费用每月由他经手付出的都在500元左右。后进有三幢房了，妓女列屋闲居。有时曾宜订约几个朋友到这里打牌喝酒，这些女人都没有露面，可见幽禁之严。这个曾宅，完全和外面世界隔绝，它无疑是一座立于街市之上的私人监狱，一所埋葬弱者的墓园。大约在1930年间，有一夜这座屋子突然发生大火（原因不明），整座付诸一炬。逃出的妓女又被收罗起来，曾宜重新盖了屋子，依旧把她们幽禁进去。后来曾宜的父亲觉得这样下去，不是个办法，便亲自出来和她们谈判，表示愿去者不留。但是这些人长久被关在笼子里，一下子要飞也找不到方向，结果只有两三个出去，又去重操旧业。

《福州的娼妓》

❖ 吴舟孙、郭云展：确有其事的"花国总统"

选"花国总统"李厚基督闽时，有一次城南公园举行游园会，游艺的节目有评话、唱书、戏曲、杂耍等，另有小吃小饮和小百货等在园内做买卖，花样颇多。有一群帮闲的人倡议利用游园会来选举"花国总统"，此举一时震动了田垱街。"宝秀堂"的妓女新茶花，颇有姿色，素以拳酒扬场，善唱"紫玉钗"，很懂得交际，得到商会会长柯洁如的支持，出来竞选"总统"。游园会发售选票，每张价格一元，选举揭晓时，她得选票千余张，为群花之冠，当选为"花国总统"。游园会特制了一个精美的镜框，披着红缎，放在彩亭上，用鼓乐鞭炮送至"宝秀堂"。新茶花一经品题，便成名妓，自此营业更好，客人争观"总统"风采，一时门庭若市。

……

新茶花曾被选为"花国总统"的新茶花，当年她"红"的时候，真是"血色罗裙翻酒污"。后来她碰到一个林姓的青年，是福州厘金局的职员，两人往来甚密。她的旧知柯洁如（商会会长）有意为她撮合。茶花向林姓青年的家庭提出要求：明媒正娶，一如古礼，过门后以"少奶"称呼。林母贪茶花积蓄颇富，一一答应了。择吉成婚时，柯洁如为她请客集资，办了不少妆奁。出嫁那天，还特地向闽侯县政府借用武装警察一队，护送花轿上街，前后唢呐鼓吹，就像迎神驾。花轿抬到南台银湘浦林家，"总统"下嫁的消息早已轰动远近，赶来观热闹的人层层叠叠，成为当天福州的盛事。婚后，男人恃茶花有妆奁，瞧不起厘金局的小差事，便辞职家居，不事生产。茶花染有烟癖，男的也跟她学上了瘾，并且生活挥霍无度，过不多久，茶花带来的万余金将被耗殆尽，再过一两年已经穷不聊生了。茶花无计只好重操旧业，因为福州熟人多，碍于面子难看，便跑往外县码头，混迹于闽东、闽南各地。但年事已高，不易找生活，最后流落至泉州，胡乱姘了一个人，旋被遗弃，饥病辗转，倒毙于泉州路旁。

《福州的娼妓》

❖ 姚岱梁：一桩私运烟土案的经过

1933年某日，闽海关缉私巡艇正沿闽江南下，恰遇百余吨之小火轮一艘，挂着十九路军军旗，载着一排左右士兵，迎面驶来。当时，十九路军在闽声望煊赫，缉私人员对该军轮运，以为是军事行动，并不怀疑有其他不法行为。但是，当艇上有关人员注视该火轮时，轮上士兵做贼心虚，以为巡艇事先得着密报，故来查缉。因此，十分紧张，戒备拒缉。缉私人员远见对方慌乱，便用远望镜窥视，果见轮上士兵群集船尾，正把子弹装进枪膛。海关人员正在考虑并研究种种情况时，小火轮已打来旗语报告，轮船漏水，请关员前来救援。关员怀疑有诈，不敢贸然前去，后见呼援频传，情颇急切，缉私之关员便命令对方必须卸下武装，全体空手下船，将轮船交给海关，方允相救，轮船骑虎难下，只好遵令执行。

海关缉私员登轮一查，发现轮船装运烟土，便报请税务司谒告蒋光鼐省长，不意蒋因已先得报告，遂辞不出见，而派参谋长范汉杰往找闽海关监督陆文澜，要向闽海关索回烟土。是日适系星期日，监督署停止办公，范无法进行交涉。翌日，范便来监督署坐镇索取烟土，并扬言若不立即物归原主，就进行武装强抢，其势汹汹不可终刻。而闽海关却慢条斯理，逼得监督署不得不派署员一人出代海关与范某磋商，保证其在两三天内拿到应有之烟土。同时，向闽海关办此案之副税务司夏某讲明有关1922年间许崇智军密运烟土事件情况，请其查阅旧案从而吸取前车之鉴，务请慎重考虑，否则事态发展，监督将来亦难为力。且海关非专司禁烟，缉获之后，理应送请省府处理。经过施加压力并晓以利害，夏副税务司查阅旧案后，颇有戒心。当时适有一美国小炮舰停泊闽江，夏某便将缉获扣留之小火轮泊于炮舰后面。第三天，海关同意将烟土交还军方，由监督署派署员一人，会同军部所派代表到轮接收，一桩公案了结。

接收后，获悉该批烟土中之上好者被盗过半，各方分析情况，都认为系被关员盗卖。因海关向来缉到烟土，不论好坏，是付诸一炬，玉石俱焚，纵有舞弊，也难查出。而况该案所有烟土，数量既多，质量又好，予以发还原主，实出意料之外，然终至舞弊暴露。不意承头者也是一向私运烟土之辈，合伙经营，人多口杂，风声易于外泄，致使军方得知被盗卖之烟土，为尚干乡素营烟土者买去，遂将此辈缉捕到案，假通匪罪名，敲诈得10万元了事。

《一桩私运烟土案的经过》

❖ 吴幼波：丘汉平建立银行章程

丘汉平很重视银行规章制度的建立，组织一批人员草拟银行各项规章制度，如文书档案管理制度，人事管理制度，会计制度（会计制度又按业务性质分业务会计、储蓄会计、信托会计），发行出纳制度，物品采购、保管、领用制度，车辆管理制度，稽核制度，各种存款、放款章程，汇兑及托收章程，各种业务及代理金库办事细则等等，提请董事会或行务会议讨论修改通过后，付诸实施。把各项制度、章程、细则汇装成册，定名为《福建省银行章则汇编》，丘汉平在首页题字"厉行法治"，将《章则汇编》印发全行职员，人手一本，遵守执行，使全行职员有法可依，有章可循，使全行职员处理工作、解决问题，有了统一的准则。1941年，日本发动太平洋战争前不久，丘汉平赴香港，与港英当局和侨团协商扩大福建省银行驻香港通讯处的业务事宜，并争取香港和南洋有关华侨团体、侨领对福建的支持和援助。香港被日军占领，丘汉平陷居香港不能回来。直到年底才逃出香港，经广东韶关，绕道赣州、长汀回到永安。在丘汉平陷港期间，福建省主席刘建绪的弟弟刘建武，担任福建省银行总管理处协理（即副总经理），对丘汉平苦心创立的各种规章制度任意修改更动。丘汉平回行后大为恼火，在一次有全体职员参加的"总理纪念周"大会上，进行了严厉地批评。大意说："我因公赴港，因日寇侵占香港，故陷困港地，为公务冒了生命风险。我人还健在，仍然是福建省银行总经理，公出才几个月，你们便把我辛勤建立的规章制度，搞得支离破碎，面目全非，你们究竟要想干什么？"当时，刘建武也在座，只听丘汉平批评的一半话，便愤然离开会场。

《忆解放前福建省银行的几件事》

❖ 庐隐：我住的地方

我住的地方，正在城里的闹市上。靠东的一条街，那是全城最大的街市，两旁全是店铺，并不看见什么人们的住房。因为这地方的街市狭小，完全赁用人民的住房的门面作店铺，所以你可以想象到这店铺和住家是怎样的毗连。住户们自然有许多不便，他们店铺的伙计和老板，当八点以后闭了店门，便掇三两条板凳，放上一块藤绷子，横七竖八的睡着；倘若你夜里从外头回来的时候，必要从他们挺挺睡着的床边走过，不但是鼾声吓人，那一股炭气和汗臭，直熏得人呕吐。尤其是当你从朋友家里宴会回来以后，那一股强烈的刺激，真容易使得人宿酒上涌呢！

……

不久又到了夏天，赤云千里的天空，可怜我不但心灵受割宰，而且身体更郁蒸，我实在支持不住了，因移到鼓岭来住——这是我们故乡三山之一，鼓岭位于鼓山之巅，仿佛宝塔之尖顶，登峰四望，可以极目千里，看得见福州的城市民房栉比，及汹涛骇浪的碧海，还有隐约于紫雾白云中的

▷ 鼓山望海

▷ 鼓山风光

岩洞迷离，峰峦重叠。我第一天来到这个所在，不禁满心怅惘，仿佛被猎人久围于暗室中的歧路亡羊，一旦被释重睹天日，欣悦自不待说。然后回想到昔日的颠顿艰辛，不禁热泪沾襟！

《灵海潮汐致梅姊》

❖ 庐隐：鼓岭回忆

不过在炎暑的夏天——两个月之中我得到比较清闲而绝俗的生活——因为那时，我是离开充满了浊气的城市，而到绝高的山岭上，那里住着质朴的乡民，和天真的牧童村女。不时倒骑牛背，横吹短笛。况且我住房的前后，都满植苍松翠柏，微风穿林，涛声若歌，至于涧底流泉，沙咽石激，别成音韵，更足使我怔坐神驰。我往往想，这种清幽的绝境，如果我能终老于此，可以算是人间第一幸福人了。不过太复杂的一生，如意事究竟太少，仅仅五十几天，我便和这如画的山林告别了，我记得，朝霞刚刚散布在淡蓝色的天空时，微风吹拂我覆额乱发。我正坐山兜，一步一步地离开他们了……

我下山之后，不到一星期，就离开故乡，这时对着马江碧水，鼓岭白云又似眷恋又似嫌恨。唉！心情如此能不黯然，我想若到了"往事不堪回首"的江滨，又不知怎样把心魂扎挣！

《寄梅窠旧主人》

❖ 郁达夫：福州的女子

要说福州的女子，先得说一说福建的人种。大约福建土著的最初老百姓，为南洋近边的海岛人种；所以面貌习俗，与日本的九州一带，有点相

▷ 鼓山灵源洞

▷ 江边的船

像。其后汉族南下，与这些土人杂婚，就成了无诸种族，系在春秋战国，吴越争霸之后。到得唐朝，大兵入境；相传当时曾杀尽了福建的男子，只留下女人，以配光身的兵士；故而直至现在，福州人还呼丈夫为"唐晡人"，晡者系日暮袭来的意思，同时女人的"诸娘仔"之名，也出来了。还有现在东门外北门外的许多工女农妇，头上仍带着三把银刀似的簪为发饰，俗称他们作三把刀，据说犹是当时的遗制。因为她们的父亲丈夫儿子，都被外来的征服者杀了；她们誓死不肯从敌，故而时时带着三把刀在身边，预备复仇。只今台湾的福建籍妓女，听说也是一样；亡国到了现在，也已经有好多年了，而她们却仍不肯与日本的嫖客同宿。若有人破此旧习，而与日本嫖客同宿一宵者，同人中就视作禽兽，耻不与伍，这又是多么悲壮的一幕惨剧！谁说犹唱后庭花处，商女都不知家国的兴亡哩！试看汉奸到处卖国，而妓女乃不肯辱身，其间相去，又岂只泾渭的不同？

……

▷ 依水而居的福州女子

我们从前没有居住过福建，心目中总只以为福建人种，是一种蛮族。后来到了那里，和他们的文化一接触，才晓得他们虽则开化得较迟，但进步得却很快；又因为东南是海港的关系，中西文化的交流，也比中原僻地为频繁，所以闽南的有些都市，简直繁华摩登得可以同上海来争甲乙。及至观察稍深，一移目到了福州的女性，更觉得她们的美的水准，比苏杭的女子要高好几倍；而装饰的入时，身体的康健，比到苏州的小型女子，又得高强数倍都不止。

"天生丽质难自弃"，表露欲，装饰欲，原是女性的特嗜；而福州女子所有的这一种显示本能，似乎比什么地方的人还要强一点。因而天晴气爽，或岁时伏腊，有迎神赛会的关头，南大街、仓前山一带，完全是美妇人披露的画廊。眼睛个个是灵敏深黑的，鼻梁个个是细长高突的，皮肤个个是柔嫩雪白的；此外还要加上以最摩登的衣饰，与来自巴黎纽约的化装品的香雾与红霞，你说这幅福州晴天午后的全景，美丽不美丽？迷人不迷人？

《饮食男女在福州》

❖ **郁达夫：** 福州的疍民

▷　疍民在船上生火做饭

这一种古代的人种，与唐人杂婚之后，一部分不完全唐化，仍保留着他们固有的生活习惯，宗教仪式的，就是现在仍旧退居在北门外万山深处的畲民。此外的一族，以水为家，明清以后，一向被视为贱民，不时受汉人的蹂躏的，相传其祖先系蒙古人。自元亡后，遂贬为疍户，俗呼科蹄。科蹄实为曲蹄之别音，因他们常常曲膝盘坐在船舱之内，两脚弯曲，故有此称。串通倭寇，骚扰沿海一带的居民，古时在泉州叫作泉郎的，就是这一种人种的旁支。

因为福州人种的血统，有这种种的沿革，所以福建人的面貌，和一般中原的汉族，有点两样。大致广颡深眼，鼻子与颧骨高突，两颊深陷成窝，下额部也稍稍尖凸向前。这一种面相，生在男人的身上，倒也并不觉得特别；但一生在女人的身上，高突部为嫩白的皮肉所调和，看起来却个个都是线条刻划分明，像是希腊古代的雕塑人形了。福州女子的另一特点，是在她们的皮色的细白。生长在深闺中的宦家小姐，不见天日，白腻原也应该；最奇怪的，却是那些住在城外的工农佣妇，也一例地有着那种嫩白微红，像刚施过脂粉似的皮肤。大约日夕灌溉的温泉浴是一种关系，吃的闽江江水，总也是一种关系。

《饮食男女在福州》

❖ **郁达夫：“白面处”**

国民经济破产，是全国到处都一样的事实；而这些妇女子们，又大半是不生产的中流以下的阶级。衣食不足，礼义廉耻之凋伤，原是自然的结果，故而在福州住不上几月，就时时有暗娼流行的风说，传到耳边上来。都市集中人口以后，这实在也是一种不可避免而急待解决的社会大问题。

说及了娼妓，自然不得不说一说福州的官娼。从前邵武诗人张亨甫，曾著过一部《南浦秋波录》，是专记南台一带的烟花韵事的；现在世业凋零，景气全落，这些乐户人家，完全没有旧日的豪奢影子了。福州最上流的官娼，叫作白面处，是同上海的长三一样的款式。听几位久住福州的朋友说，白面处近来门可罗雀，早已掉在没落的深渊里了；其次还勉强在维持市面的，是以卖嘴不卖身为标榜的清唱堂，无论何人，只须化三元法币，就能进去听三出戏。就是这一时号称极盛的清唱堂，现在也一家一家的废了业，只剩了田墩的三五家人家。自此以下，则完全是惨无人道的下等娼妓，与野鸡款式的无名密贩了，数目之多，求售之切，到了骇人听闻的地步。至于城内的暗娼，包月妇，零售处之类，只听见公安维持者等谈起过几次，报纸上见到过许多回，内容虽则无从调查，但演绎起来，旁证以社会的萧条，产业的不振，国步的艰难，与夫人口的过剩，总也不难举一反三，晓得她们的大概。

《饮食男女在福州》

❖ 林厚祺：抓壮丁奇闻

当时敌人压境，抗战进入紧张阶段，需要补充兵员比以前更甚。区公所每期上级交下征兵员额更多。每保分配一人或二人，全区每期征兵员额往往不能完成，积欠很多。经上级严厉催迫，再向各保追缴欠额，仍不能按期完成。征兵初期没有自动应召的人，各保实行抓丁。因有势有钱的人，用种种方法逃避兵役，如挂名当机关勤务，或当义务警、国民兵、救火会会丁等，这些人不能抓；有钱的人子弟上学也不能抓；有的家长当官，保甲长职小位低，怕他打击报复不敢抓；有的虽无当官，但有特务、军队、帮会（如梅生、寿昌派）背景，保甲长也不敢抓。保甲长可抓的对象不多，只好向无钱无势之人下手。

抓丁时，保长带着甲长多人，并请外保协助，乘夜间或在路上出人不意把他们抓去，送交接兵单位完成任务。嗣后壮丁家属闻悉，往往啼哭吵闹与保长交涉，使保长十分尴尬，感到这个差事难当。因此上级交下的征兵任务，往往拖延时日，不敢着手去抓。西门长池巷长池保保长尤依榕，开设枕头店，上级一再叫他送交壮丁，他一再推延，没交一人，上级索性把他抓去抵额，杀一儆百，免得别保效尤。各保保长闻讯大为惊骇。当时尤依榕年40余，已不合征兵年龄，经各保保长保释，才释放回来。

我一姑母家住三牧坊，有儿子二人，长男陈子相得了神经病，长年在家，无所事事，终日胡言乱语，邻里咸知。保长要我姑母自动出一名壮丁，她一再拖延，以后保长越追越急，警告她，如不自动交出，则派人强抓。她怕二男抓去，答应把长男送去。保长明知疯子不能用，只得蒙混上级抵了一个名额。这个疯子送去之后，兵役单位竟然通过检验认为合格，送交接兵队伍。后来没有消息，不知是生是死。

当时保长害怕强抓壮丁，惹起居民反感，逐渐改用出钱买壮丁办法。南台商业繁盛之区经济充裕，首先推行，此法开始十分秘密，以后逐渐公开，保长甚至将各户摊款账目公开贴在街头巷尾供人观看。最初一个壮丁不过一两百元，后来涨至千元以上，每户按资力和适龄壮丁人数分摊应出金额。壮丁的对象，本保人有愿去者最为合格，否则外保人亦可。找不到，就往郊区农村或长乐、连（江）、罗（源）一带购买，至于姓名张三李四均可，上面只要有人，不管其来源如何。当时抗战方殷，全国经济遭到敌人破坏，生产萎缩，失业众多。只要有钱，失业者愿去当兵。各保集了巨款向出卖人接洽，议好价格将款交与出卖人安家，出卖人自动应征入伍。这样做各保征兵重担得以解除。此风始倡于南台，不久全市仿效，普遍推行买卖壮丁办法。"不怕没有人，只怕没有钱"成为当时保长一致的口号。

更有奇怪的事，摊款买壮丁，初时难找壮丁对象，害怕没有人愿去，后来竟有许多年轻力壮的人自愿出卖当壮丁，只要保中肯出钱，他们情愿应征。原来这些人神通广大，他们出卖后没有几个月竟溜了回来。下次配壮丁，他们又准备出卖。连续出卖数次得了不少钱。这种出卖当壮丁的人，不但南台有，城里也有，成为当时很普遍的现象。他们凭什么本领，竟能在部队自由来去开小差，每次入伍后都能顺利逃了回来。大家推测可能入伍后他们也用钱买通上级，因为逃兵如被抓获是当场枪毙的。城内西门油炸粿店伙计连友良，诨名油炸粿俤。他出卖当壮丁数次，都安全逃了回来，是专门搞出卖当壮丁生意的，为西门有名人物。

《福州的保甲组织》

❖ 徐自才："纸褙福州城"

民国三十年（1941）日军侵犯，福州首次沦陷，同年9月收复，焚毁房屋2223座。民国三十三年（1944）第二次沦陷，1945年退却，破坏公私房屋523座。日本投降后，国民党省府由永安迁回，外籍公务人员的住房，逃难返榕群众的住房，难民、流民的住房无法解决。缺房、无房、三代五代同房、两户三户同房，街头屋檐下，乌石山洞里，荒寺破庙中都住满了人。

民国三十七年（1948）6月中旬，暴雨洪灾，历时六天。城内除屏山、乌山、于山等处高地房屋外，皆沦为汪洋，房屋倒塌1886间，灾民死亡77人，流离失所者万余人。文儒坊甘国宝故居，文北路林则徐故居，均被大水冲倒。

据民国三十五年（1946）福州警察局统计，当时，大根和鼓楼两个区总人数为137671人。而住宅房总建筑面积为104.3万平方米，其中70%掌握在官绅豪富、资本家和暴发户手里，而许多店员、车夫、工人、小职员、教师、平民和穷知识分子等住房非常紧张甚至无房可住。街头巷尾，时常能看到饿死、冻死的死尸。加上旧社会生活困苦，无力修缮房屋、墙壁多用纸糊以御寒等，为此俗称"纸褙福州城"。

《"纸褙福州城"的变迁》

图书在版编目（CIP）数据

老福州 / 韩淑芳主编 . — 北京：中国文史出版社，
2018.1

ISBN 978-7-5034-9710-0

Ⅰ . ①老… Ⅱ . ①韩… Ⅲ . ①福州—地方史 Ⅳ .
①K295.71

中国版本图书馆CIP数据核字（2017）第264092号

责任编辑：张春霞 孙 裕

出版发行：**中国文史出版社**

社 址：北京市海淀区西八里庄路69号院 邮编：100142

电 话：010-81136606 81136602 81136603（发行部）

传 真：010-81136655

印 装：北京温林源印刷有限公司

经 销：全国新华书店

开 本：710mm×1010mm 1/16

印 张：18 字数：260千字

版 次：2018年2月第1版

印 次：2021年4月第2次印刷

定 价：46.80元
